全民阅读体育知识读本

U0723846

排球
——空中飞球

盛文林/著

台海出版社

图书在版编目（CIP）数据

排球：空中飞球／盛文林著． － － 北京：台海
出版社，2014.7
（全民阅读体育知识读本）
ISBN 978 - 7 - 5168 - 0412 - 4

Ⅰ.①排… Ⅱ.①盛… Ⅲ.①排球运动 - 基本知识
Ⅳ.①G842

中国版本图书馆 CIP 数据核字（2014）第 174923 号

排球：空中飞球

著　　者：盛文林

责任编辑：阴　鹏　　　　　　　装帧设计：视界创意
版式设计：林　兰　　　　　　　责任印制：蔡　旭

出版发行：台海出版社
地　　址：北京市朝阳区劲松南路 1 号　邮政编码：100021
电　　话：010 - 64041652（发行，邮购）
传　　真：010 - 84045799（总编室）
网　　址：www. taimeng. org. cn/thcbs/default. htm
E － mail：thcbs@126. com

经　　销：全国各地新华书店
印　　刷：北京一鑫印务有限公司
本书如有破损、缺页、装订错误，请与本社联系调换

开　　本：655×960　　　　1/16
字　　数：130 千字　　　　　　印　　张：12
版　　次：2014 年 10 月第 1 版　　印　　次：2021 年 6 月第 3 次印刷
书　　号：ISBN 978 - 7 - 5168 - 0412 - 4

定　　价：29.60 元

前　言

　　排球是奥运会正式比赛项目之一，它既可以在室内进行，也可以在沙滩、公园等室外进行。这项运动的特点使其成为一项适合全民参与、成本低廉的体育运动项目。

　　从某种意义上说，排球是一项真正意义上的集体项目，靠个别球员单打独斗很难成功。一个成功的球队，必然是一个团结的集体，这正是排球的魅力所在。

　　因此有人说："一个擅长排球运动的人，无论在任何岗位上，一定是一个富有协作精神的人。"这就是排球运动对人性格的塑造。

　　本书从起源、发展、演变、传播等方面具体介绍了排球运动，能让体育爱好者对这项运动有初步的了解；继而详细地介绍了排球运动的规则、风格打法、场地设施、技战术、项目术语、裁判标准等全面的知识，条理清晰，知识点明确，可以让读者轻松了解排球运动，从而喜欢上排球运动。本书还展示了国内外排球明星的风采，让读者朋友感悟排球运动的魅力，体会那些优秀运动员的运动精神。

目　录

PART 1 项目起源

世界排球运动的起源

时间：1895 年

地点：美国马萨诸塞州（旧称麻省）霍利约克市

威廉·摩根是一位体育工作人员，当时网球、篮球很盛行。摩根先生认为篮球运动太激烈，而网球运动量又太小，他想寻求一种运动量适中，又富于趣味性，男女老少都适宜的室内娱乐性项目，就想把当时已广为流行的网球搬到室内，在篮球场上用手来打。开始时，他将网球网挂在篮球场上，用篮球隔着网像打网球一样打来打去进行游戏。但室内篮球场面积较小，排球容易出界，于是他作了某些改进：①把网球允许球落地后再回击的规则改为不许落地；②改变排球外形，其圆周改为 25～27 英寸，重量为 225～340 克；③试用篮球胆。篮球胆太轻，在空中飘忽不定，玩起来不方便，难于控制。但因试用效果很好，摩根就决定采用这种球。

摩根

最初，排球的名称为"mintonette"，意为"小网子"。1896年，霍尔斯太德教授根据这项运动的特点，提议改为"volleyball"，意思为"空中飞球"。

1896年，美国开始有了排球比赛。1897年，第一个排球规则产生。最初的比赛是没有人数规定的，双方相等即可，基本上属于休闲娱乐。此后，这项运动在世界范围内得到广泛地开展，并受到人们的普遍喜爱。

排球

沙滩排球的起源

时间：20世纪20年代

地点：关于沙滩排球的发源地有两种说法，一些人认为它起源于美国夏威夷海滩，另一些人认为它起源于加州的莫妮卡海滩。目前人们普遍认为加州的莫妮卡海滩是沙滩排球的起源地。

初始阶段的沙滩排球纯粹是一种民间娱乐活动。每到夏季，人们为了躲避炎热，成群结队地涌向海滩，架起球网，在松软的沙滩上，明媚的阳光下，尽情地跳跃、翻滚。人们把游泳、冲浪、打排球结合起来，享受着大自然赋予人类的乐趣。由于这种形式具有较强的娱乐性、健身性和大众性，因而受到很多人的喜爱。随后，沙滩排球作为法国"裸体主义者"的活动项目之一传入欧洲，并于1927年在法国举行了欧洲历史上第一次沙滩排球比赛。后来这种沙滩娱乐形式被越来越多崇尚户外运动的人所喜爱，并逐渐风靡巴西、阿根廷等国。

20世纪30年代，二人制沙滩排球赛出现；1947年，第一届正式的二人制沙滩排球比赛在美国的加州举行，冠军的奖品是一箱百事饮料，这也开创了商业性赞助进入沙滩排球比赛的先河。奖品的出现是沙滩排球由娱乐性运动项目向职业化运动项目过渡的先决条件。50年代后，沙滩排球逐渐向地中海沿岸及太平洋沿岸国家传播开来。这期间，借助那些热爱沙滩排球运动的民间赞助商的大力支持，各种组织、规模和水平的沙滩排球比赛不断。

随着时间的推移，参加沙滩排球的人数呈几何数字增长。1965年，加利福尼亚沙滩排球协会成立，该协会第一次对沙滩排球的规则作了统一规定，当时的比赛有四人制、三人制、二人制

沙滩排球运动

及男女混合制等多种形式。沙滩排球逐渐演变成一种竞技体育运动，并深受人们的喜爱。在美国，许多室内排球国家队队员就是从沙滩排球练起的。

我国排球运动的兴起

在我国，排球运动的起源可以追溯到20世纪初。

1905年，排球运动首先在广州南武中学和香港黄仁书院倡行，后来主要通过基督教青年会体育部、留学生、外籍人士等以教学、游戏、训练班及表演等方式传播，排球运动逐步在我国部分城市的一些学校中开展起来。人们根据"volleyball"的译音，把空中飞球称为"华利波"。就这样，排球以"华利波"的名称在中国大地上出现。

1913年5月，第一届远东运动会在菲律宾首都马尼拉举行。大会

排球运动

原来没有设立排球项目,增设这项比赛是东道主为了多拿金牌在赛前临时决定的。当时中国队匆忙上阵,头顶脚踢,结果以0∶2的结果败比。这便是我国参加最早的国际排球赛了。

1914年在北京举行的中国第二届全运会上,排球被列为男子正式比赛项目,并将"华利波"改称"队球",取成队比赛之意。1921年,广东省第八届运动会第一次有了女排比赛。1930年第四届全运会之前,经中华全国体育协进会研究,根据其球在空中被来回排击和参加者成排站位这两个特点,将"队球"改称"排球"。从此,排球这一名称和运动形式在我国传播开来。

我国排球运动历经了16人制—12人制—9人制—6人制的演变过程。1927年后采用9人制,9名队员分3排,每排3人,位置固定不轮转。队员在场上不受限制,每个人都可以进攻和防守。比赛中要求至多击球3次将球击过球网。由于规则允许有两次发球机会,出现了攻击性较强的勾手大力发球,这也促进了上手传球技术的发展,鱼跃动作才能够从原始的胸不着地到有了胸滚动作,正面抢臂和曲臂扣球以及侧身勾手扣球被广泛运用。1930年第九届远东运动会上,为了突破菲律宾高个子运动员的拦网,我国运动员创造了"快板球",而且很快发展为头排中队员做二传,头排两侧队员打"双快球"或"快球掩护",由二排队员在两侧进攻的战术打法；防守出现了前两排队员集体拦网和后排队员的定位防守。

历史上，我国运动员创造出不少具有高水平价值、实用的技战术，形成了我国排球技战术的特色，其后又不断发展并形成传统，一直延续至今。

PART 2 历史发展

世界排球运动的发展

排球的发展

一、娱乐排球

排球运动诞生之初，是作为一种娱乐性较强的游戏被人们所接受的。人们隔网拍打，追击嬉戏，以不使球在本方落地为目标。

起初排球技术简单而粗糙，仅仅是以手拍击球而已。打法也只是争取一次击球过网，如果一次击不过去，才有同伴的再击。

人们在实践中逐渐体会到，一次击球过网不是最佳方式，有时从前场近网

排球项目标志图

处跳起击球过网反而能创造更好的获胜机会，于是出现了多次击球的打法，以寻找最佳时机或为技术更好的同伴创造得分机会，集体配合战术萌发。但是一方无休止地击球的打法遭到公众的反对，因此出现了必须3次击球过网的规定。这一规定促进了传球和扣球技术的分化。富于攻击性的扣球技术的出现，使排球运动产生了质的飞跃，更吸引了年轻人的参加，同时拦网技术也应运而生。此时的发球技术也从仅仅是比赛开

始的一种形式，发展成为力求攻击性的技术手段。侧面上手发球的出现，大大提高了发球的力量，排球的竞技性、对抗性逐渐显露。

1921～1938 年间，为了适应技术的飞快发展，排球规则进行了一系列的修改和完善。技术动作被明确地规定为发球、传球、扣球和拦网；在运用各项技术的同时，出现了有意识、有目的、有组织的战术配合，于是场上队员出现了位置分工。到了 20 世纪 30 年代末，排球技战术得到了进一步发展。集体拦网的出现给扣球造成了很大的障碍，大力扣球和吊球相结合的打法相继产生，与之相适应的拦网保护战术体系形成。这一阶段排球运动的特点是从最开始的娱乐游戏性质，逐渐地向竞技对抗方向发展。不过这一时期国际间的比赛没有统一的组织、统一的竞赛制度和统一的竞赛规则。

随着排球运动的发展和竞技化的趋势，以及一些国家排球协会的相继成立，开展国际间排球比赛和交流的愿望与日俱增。经过酝酿，在1936 年的第 6 届柏林奥林匹克运动会期间，成立了第一个国际排球组织——排球运动委员会。波兰体联主席拉维奇·马斯洛夫基任主席。由于第二次世界大战的爆发，委员会尚未开展工作就解体了。

二、竞技排球

第二次世界大战后的 1946 年 8 月 26 日，法国、捷克斯洛伐克、波兰三国的排球代表在布拉格召开会议，商议成立国际排球联合会。1947年 4 月间，国际排联在巴黎正式召开成立大会。会议制定了国际排球宪章；选举了法国的保尔·黎伯为第一任主席；指定巴黎为总部所在地，英语和法语为联合会工作语言；成立了技术委员会、竞赛委员会和裁判委员会，并正式出版通用国际排球竞赛规则。会议同时决定 1948 年在罗马举行欧洲男子排球锦标赛，1949 年在布拉格举行世界男子排球锦标赛。

国际排联的成立，标志着排球运动从娱乐游戏时代进入了竞技时代。其后，国际排联出色地领导和组织了一系列的世界大赛：

1948 年第 1 届欧洲排球锦标赛；

1949 年第 1 届世界男子排球锦标赛；

1949 年第 1 届欧洲女子排球锦标赛；

1952 年第 1 届世界女子排球锦标赛；

1957 年排球被国际奥委会批准为奥运会正式比赛项目；

1964 年男、女排球进入第 18 届奥运会；

1965 年第 1 届世界杯男子排球赛；

1973 年第 1 届世界杯女子排球赛；

1977 年第 1 届世界青年男、女排球锦标赛。

这些比赛已经形成传统，每隔 2 年或 4 年举行一次，延续至今。国际排联下属的各洲联合会也定期组办洲锦标赛，洲运动会排球赛，洲青年锦标赛等。

在众多大型比赛和广泛地国际交往促进下，排球运动的技战术得到了蓬勃的发展。20 世纪 50 年代初，东欧的一些国家排球技术水平较高，他们的技术风格和战术打法基本相似，技术上多采用上手球、上手传球和高扣球，战术较为简单，大都采用"四二"配备、"中一二"进攻阵形和"心跟进"防守阵形。

当时苏联男、女排球队以队员身高体壮、扣球力量大的优势胜出一筹，多次蝉联世界冠军，被称为"力量派"。男排居次的捷克斯洛伐克队动作细腻，以扣球线路变化和落点控制为特色，打吊结合，曾在 1958 年巴黎世锦赛上击败苏联队，被誉为"技巧派"。虽然有技巧派和力量派的抗衡，但苏联队却连续 6 次居首，拥有绝对优势。

20 世纪 60 年代初期，大松博文教练率日本女排创造了"前臂垫球"、"翻滚防守"和"勾手飘球"技术，并以出色的防守、飘忽不定的发球和迅捷的快攻，打破了苏联称霸女子排坛的局面，一举夺魁。她们突破了传统的技战术模式，为排球技战术的发展注入了新鲜的血液。

从 60 年代中期到 70 年代末期，世界排坛出现了百花竞开、群雄纷争的局面。这一时期女子排球有日本的"防守加配合"打法与苏联的"进攻加力量"打法相对峙，在 8 届大赛中各分 4 金。而在男子排球的 9 次大赛中，荣登榜首的有捷克斯洛伐克、苏联、日本、波兰、民主德国 5 支球队，他们代表了当时技战术发展中的不同流派。

捷克斯洛伐克队仍然以"技巧"见长；苏联队在"力量"的基础上加了"两次球"及其转移战术和"边跟进"防守；民主德国则以突出高大队员的"超手扣球"和"高成功率"闻名于世，被称为"高度派"；日本队在学习了中国"近体球"和"平拉开"等系列快攻基础上，创造了"短平快"、"时间差"、"位置差"等战术打法，以"速度派"在世界上崭露头角。日本队不仅有快速配合的特色，而且保持了日本女排成功的防守经验，攻防兼备；无独有偶，波兰队也是因为攻防全面，而且注意战术变化而出人头地。至此，不同风格、不同流派轮执牛耳，各领风骚，排球技战术发展出现欣欣向荣的局面。由单一模式到不同流派产生，由重攻轻守到攻防兼备，由追求高度和力量到讲究技术和战术，由注重个人技巧到讲究集体配合，竞技排球技战术产生了质的飞跃。

三、现代排球

排球运动自 20 世纪 80 年代进入了现代排球阶段。现代排球的概念是广义的，它包括全攻全守排球，排球的社会化、商业化、职业化和"大排球"三个内涵。

1. 全攻全守排球

随着各种流派的相互借鉴与交流，排球技战术不断创新又迅速普及，各队取长补短，球技猛进，以一技之长便可统一天下的时代一去不复返。20 世纪 80 年代，中国女排和美国男排的崛起标志了排球技战术及其指导思想的革命。中国女排的五连冠和美国男排的四连霸是历史的必然，它标志着一个新时代的到来。

中国女排在组队之初就确立了"建立一支具有高度、攻防兼备的全面型队伍"的训练思想。在其后长达 9 年的竞赛训练中，创造性地实践了"在技术全面的基础上，向全攻全守型发展。坚持快速，发展高度，力争网上优势"的中国排球运动技战术指导思想，形成了攻守全面、战术多变，以高制亚洲、以快制欧洲的全方位技战术打法。美国男排大胆运用跳发球技术、后攻战术，从沙滩排球中移植了两人接发球战术，创造了扩大防守，设计了立体进攻战术，提出了高度、速度和全面的等边三角形均衡发展学说。他们的共同特点是全攻全守的整体排球思想。这一思想指导他们获得辉煌，其后被世界排坛所接受，90 年代得到蓬勃的发展，在世界强队的广泛运用和充实下，已形成完整的战术体系，成为现代排球的主流。

全攻全守的整体排球是技战术打法，更是指导思想。现代排球的技战术发展，要求运动员必须全面发展，不只是攻防技术的全面、战术打法的全面，还包括运动员的体能、心智等各种素质的全面。在高强度、高技术水平的激烈对抗中，任何一种缺陷、薄弱环节，都可能是致命的。

全攻是以攻为指导，以攻贯穿全部比赛过程的总体进攻观念：发球是进攻的开始，拦网是进攻的超前，防守是进攻战术的首要环节。从时间上看，进攻不再是第三次击球的专利，它是排球比赛的整个始末；从空间上看，进攻也不仅仅局限在网上和网前，它已纵深发展并充满了立体的三维空间；从内涵上来讲，进攻已不是拔地而起的一锤定音了，它是两个集体全方位的较量，是整体实力的碰撞。

在技战术打法上形成了高快结合、前后结合的全面型进攻局面。主要特点是：第一，主副攻的职能有所发展变化，主攻加快了进攻节奏，常常打战术快球，并且成为主要防守和接发球队员。副攻的拦网和快球牵制作用更趋明显，自由人的出现弱化了副攻的防守和接发球功能；第二，接应二传作用大大提高，成为前后排机动进攻和强攻突破的主要得分手段；第三，组织进攻战术的二传核心位置，向网上沿的高快和场地纵深的宽阔展开，丰富了战术的层次，提高了战术的攻击性和成功率；第四，前排快攻体系与后排进攻体系融为一体，形成交叉掩护、复式组合的多层次、多节奏的立体进攻；第五，替补队员与主力队员的差距明显缩小，不同组合的不同特点增强了全队整体进攻实力。

没有防守就没有进攻，两者是不可分割的。现代排球技战术的飞跃正是得力于全面提高的防守水平。"排球场上没有防不起的球"这种指导思想，使现代排球比赛有了质的飞跃，变得更精彩、更好看，让总体进攻的思想得以发挥和施展，全攻全守是不可分割的整体。

全面的防守技战术特点主要表现为：第一，全方位的防守技术动作，即用手、脚、身体的各种动作参与防守动作，提高防守质量；第二，提高有预判的"出击防守"，替代固定位置的"等待防守"；第三，加强前排拦网与后排防守战术配合，发挥整体效率；第四，针对对方进攻特点，采用不同防守方法；第五，防守阵形及队员位置安排兼顾防守效果和防守后的反击进攻；第六，自由人的使用大大提高了整体防守水平，同时也丰富了防守战术和提高了防后立体进攻的组成。双自由人的使用也在积极地运筹之中。

2. 排球的社会化、商业化和职业化

在 1984 年国际排联代表大会的换届选举中，墨西哥人阿科·斯塔当任了国际排联主席。他决心把排球运动发展成为世界上最受欢迎的运动项目之一。在他的领导下，国际排联的有识之士对国际排联机构本身和排球运动进行了一系列的改革和调整。

要想使排球运动成为世界上最受欢迎的运动项目，首先要把它推向社会，为社会所接受。在以市场经济为主要形式的世界经济体系中，没有市场就没有竞技体育的社会生存环境。只有进入市场并占有市场，竞技体育才能发展。

现代化的传播介入，给予了发展、推广体育运动和促进提高竞赛水平绝好的机会。没有传媒介入，特别是没有电视传播的体育运动，便不可能成为世界上最受欢迎的运动。而传媒的商业性，也必然要影响到体育的商业性。

顺应潮流的国际排联以明智的改革，将排球运动推向了市场。世界排联、女排大奖赛就是改革赛制、修订规则、着意包装、成功走向市场的范例。它们将排球比赛在世界舞台上导演得轰轰烈烈、有声有色，取得了前所未有的社会效应和经济效益。

特别是 1996 年亚特兰大奥运会后，国际排联更加积极主动与媒体合作，与媒体捆绑共同发展，使得近年来世界排球大奖赛获得空前的成功。雅典奥运会排球比赛的电视转播在 28 个项目中收视时居第一，是唯一在收视率、覆盖面、观众最高纪录、黄金时段的覆盖面等数据方面均居前三名的运动项目，最高收视时超过田径 3 倍多，售票数也领先于足球、篮球、体操、水上运动等项目。

走在排球职业化道路前列的是意大利。意大利排协在 20 世纪 80 年代末大刀阔斧地推行排球职业化和俱乐部制度。职业俱乐部的实施使意大利排球水平突飞猛进，尤其男排更为突出：1988 年以前历次世界大赛中，意大利男排只有 4 次进入前 8 名，而 1988 年以后每次都打入大赛的前 8 名，并多次荣登冠军宝座，当今世界顶级的排球名将，几乎都在意大利联赛中闪亮登场过。

除意大利外，法国、德国、比利时、荷兰等西欧国家的职业排球也开展得十分红火，日本、韩国、俄罗斯、美国及拉美国家等也在排球职业化的道路上跃跃欲试。

现代排球运动技战术的高水平发展为排球运动走向社会化、商业化、职业化奠定了基础。国际排联的系列体制改革也为此创造了良好的条件。而排球运动的社会化、商业化和职业化，必将更大地促进排球运动的发展。

3. "大排球"观念的形成

推向市场的排球运动确实在国际体坛产生了轰动效应。国际排联的队伍空前壮大，至2007年会员协会已发展到218个，注册运动员3 500万人，是世界上最大的单项运动协会。排球比赛在世人中也是闻名遐迩，一场排球比赛的现场观众和电视观众以亿万数计。

高水平的排球比赛越来越多地受到人们的喜爱，也越来越广泛地进入千家万户。但一项只由少数精英们表演的"观赏运动"毕竟不能称为人们最喜爱的体育运动项目。因此如何普及推广排球运动是国际排联改革的另一课题。

与足球、篮球不同，排球运动的不能持球和球不落地是初学者技能上的难点，而这又恰恰是排球运动内在美的重要组成部分。排球运动为适应不同群体和环境条件的需要，衍生出多种多样的运动形式。国际排联不仅有计划、有目的地普及和推广室内6人排球，而且还大力提倡开展各种形式的排球运动。

20世纪20年代出现、40年代流行、70年代走向职业化的沙滩排球，有很好的群众基础和商业市场，是人们喜爱的运动项目。20世纪90年代国际排联成立了沙滩排球委员会，开始将其列入了整体发展规划，先后规范了世界沙滩排球锦标赛和世界沙滩排球巡回赛，并于1993年出版了第一部正式的沙滩排球竞赛规则，还成功地将沙滩排球列入了1996年亚特兰大奥运会正式比赛项目，在雅典奥运会上更是获得空前的成功，被誉为奥运会上的璀璨明珠。不仅如此，国际排联还计划将沙滩排球从海滨城市推向内陆，从沙滩推向沙地、公园、河边、绿地，吸引更广泛的群众参与。沙滩排球的发展如火如荼，在社会上的影响不亚于室内 6 人排球。

为在青少年中开展排球运动，国际排联大力推广和开展"学校排球"和"迷你排球"（"小排球"）活动，每两年都要举行一次世界青少年排球锦标赛。学校排球中近年来兴起的软式排球运动也是不可忽视的一个体育项目。在残疾人的体育运动中，排球运动也是很活跃的，其他形式如气排球、墙排球、雪地排球、水中排球也应运而生。总之，排球运动所有形式的发展都将受到重视，"阳春白雪"与"下里巴人"并举，竞技排球与娱乐排球共存，"大排球"的概念已经形成。

沙排的发展

20 世纪 50 ~ 60 年代，沙滩排球已成为美国加州海滩上必不可少的娱乐活动。70 年代开始，由于广告、奖金等商业因素介入了沙滩排球比赛，这一运动项目得以进一步发展。

70 年代至 80 年代初，是沙滩排球从单纯的民间娱乐活动发展成集娱乐、竞技于一体的体育活动的关键时期。随着沙滩排球比赛水平不断提高，沙滩排球的观赏性越来越强，观众人数也越来越多。1974 年首届商业性赞助（奖金为 1500 美元）的 2 人制沙滩排球比赛在美国圣地亚哥举办，表明沙滩排球从此进入了商业运作轨道，拉开了沙滩排球商业化、竞技化、职业化的序幕。1976 年，第一届世界沙滩排球锦标赛在美国新泽西州的帕里赛得举行，奖金 5000 美元，此次比赛被誉为"职业沙滩排球比赛的源头"。1977 年，沙滩排球巡回赛的前身在美国的圣克鲁斯和洛杉矶举办。美国沙滩排球比赛逐步规范，锦标赛、巡回赛的竞赛制度日益完善：1979 年出现了一批优秀的职业沙滩排球选手；1980 年商业赞助性（总奖金 52000 美元）的全美沙滩排球巡回赛第一次被列入美国官方体育日程计划，Miller Brewing 公司加盟，作为主要赞助商向美国沙滩排球赛的每站赛事提供 20000 美元的奖金；美国于 1982 年成立职业沙滩排球联合会（AVP）。这些都成为沙滩排球转型的标志。

80 年代是国际排联在世界范围内开始宣传、普及沙滩排球这一崭新排球形式的时期。沙滩排球在巴西的海滩上成为最流行的运动。1986

年，美国女子沙滩排球联合会成立，澳大利亚职业沙滩排球巡回赛开始出现。1987年在巴西里约热内卢举办了国际排联认可的第一届世界男子沙滩排球锦标赛，共有巴西、美国、意大利、阿根廷、智利、墨西哥和日本7个国家参加，冠军是美国的史密斯和斯托克洛斯。1987～1989年共有3届世界沙滩排球锦标赛在巴西的里约热内卢举行。1988年国际排联正式成立了世界沙滩排球联合会。1990年将"世界男子沙滩排球锦标赛"更名为"世界男子沙滩排球巡回赛"，由巴西、意大利和日本负责承办。这种办法大大增加了现场和电视观众的人数，极大地加快了沙滩排球的普及速度。

90年代以后，沙滩排球的组织结构不断健全，竞赛制度逐步完善，形成了年度巡回赛、锦标赛、大满贯和卫星赛等不同级别的赛事，从而进入了全新的发展阶段。承办男子世界沙滩排球巡回赛的国家由3个扩大为包括法国在内的4个。1991～1992年，又增加了澳大利亚和西班牙两个国家。1992年，沙滩排球成为巴塞罗那奥运会的表演项目，同年，首届世界女子沙滩排球锦标赛也在西班牙举行。经过国际排联的不懈努力，1993年9月24日，在摩纳哥蒙特卡洛国际奥委会第101次代表大会上，奥林匹克大家庭正式接纳了沙滩排球，将沙滩排球列入亚特兰大奥运会的正式比赛项目。

1996年，已有50多个国家的体育联合会成立了沙滩排球理事会，指导和组织各自国家沙滩排球运动的开展。1996年亚特兰大奥运会上，大约有42个国家的600多名运动员参加了资格选拔赛；决赛于同年7月23日至28日在美国亚特兰大萨瓦那海滩上举行。1998年，曼谷亚运会正式将沙滩排球列为比赛项目，至此，沙滩排球运动达到了一个新的高度。1996年国际排联共举办了27站赛事，总奖金430万美元。世界沙滩排球系列赛被国际排联用新的概念确定为3种不同级别的比赛：大满贯、世界锦标赛和挑战赛，使得国际排联官方赛事进一步健全，同时国际排联为中等水平的运动员和主办者提供参加和举办较低水平比赛的机会，除了世界巡回大满贯和公开赛以外，还举办挑战赛、卫星赛和业余赛。同时，女子沙滩排球赛事和男子赛事一样受到国际排联的重视。国际排联举办的沙滩排球赛事和许多职业沙滩排球运动员都获得公司和企业的赞助。知名大公司介入世界沙滩排球比赛，极大地提高了沙滩排球比赛的知名度。奥运会排球比赛的规模已由最初的 10 支男队和 6 支女队发展成为男、女各 12 支队伍。

目前沙滩排球运动竞技水平较高的国家都集中在欧美等发达国家。1996 年奥运会沙滩排球男子比赛，美国包揽了金牌和银牌，加拿大获得铜牌；女子比赛巴西选手获金牌和银牌，澳大利亚获得铜牌。美国男女沙滩排球队获得 29 届北京奥运会冠军，巴西两对男子组合分别获得男子沙滩排球银牌和铜牌。就总体水平而言，巴西、美国处于领先地位，澳大利亚、意大利、德国、捷克紧随其后。这些国家沙滩排球竞技水平高与普及程度密切相关。例如，仅巴西就有近 1000 块沙滩排球场地，1992 年世界沙滩排球系列赛在巴西站的现场观众达 10 万人次，列当年各个比赛站之首。1996 年沙滩排球首次在亚特兰大奥运会上亮相，门票提前一年销售一空，24 对男子选手和 18 对女子选手为争夺奥运金牌而战，比赛仅 6 天就有超过 10.7 万人到现场观看，最后男子金银牌被美国选手获得，女子金银牌被巴西选手获得。2002 年，国际排联再次修改沙滩排球的竞赛编排，避免了比赛的偶然性。2004 年雅典奥运会上一个抽样调查显示，竟有 42% 的人将沙滩排球比赛列为观看比赛的首选，可见沙滩排球已经成为了观众最爱看的竞技体育项目之一。

我国排球运动的发展

排球的发展

一、采用 6 人制前我国的排球运动

1913 年，我国男排首次参加了在菲律宾马尼拉举行的第 1 届远东运动会的排球比赛，获得第二名。1915 年在上海举行的第 2 届远东运动会上，中国男排首次获得冠军。从 1913 年到 1934 年共举行了 10 届远东运动会，中国男排共获得 5 次冠军。

中国女子排球比赛是 1921 年在广东省运动会上开始的。1923 年第一次参加在日本举行的第 6 届远东运动会。1923 ~ 1934 年我国女子排球队共参加过 5 届远东运动会，均获亚军。

排球运动传入我国后，经历了 16 人制—12 人制—9 人制—6 人制的演变过程。

1905 ~ 1919 年我国排球比赛采用 16 人制。16 名队员分成 4 排，每排 4 人，位置固定不轮换，当时水平很低，打法也比较简单。

1919 ~ 1928 年采用 12 人制。12 名队员分成 3 排，每排 4 人，位置固定不轮换，技术发展到采用上手发球、正面扣球，并且出现了单人拦网和倒地救球技术。

1928 ~ 1951 年采用 9 人制，在我国经历了 24 年之久。9 名队员分成 3 排，每排 3 人，位置仍固定不轮换。在技术上出现了勾手大力发球、鱼跃救球、勾手扣球、扣快球等技术。防守出现了集体拦网和分工防守。

我国正式采用 6 人制以前，排球运动并不普及，技术水平很低，战术非常简单。新中国成立以前共举行了 7 届全国运动会，从第二届开始有排球比赛。

二、我国 6 人制排球运动的发展

中华人民共和国成立以后，排球运动有了较快的发展。1950 年，根据国际规则，结合国内情况制定了我国 6 人制排球规则，并在全国实行。

我国 6 人制排球的发展，不仅继承了我国和亚洲 9 人制排球的打法，同时也吸收了世界强队的先进打法，并不断总结经验教训，有所发展和创新。

根据排球运动发展的情况和规则演变的规律，可分为 6 个阶段。

第一阶段：继承学习阶段（1951 ~ 1956 年）

这个阶段主要是继承我国 9 人排球的技战术打法，特别是继承了 9 人排球的上手传球、大力勾手发球、正面及勾手扣球、快球和快攻等技战术。1950 年我国男排学习了苏联的高打强攻、倒地防守等技术和"两次球"进攻战术。

　　20 世纪 50 年代，世界高水平的排球队都集中在苏联、东欧等国家，那时世界性排球比赛都是采用 6 人制。1949 年，在捷克斯洛伐克首都布拉格举行的第一届男子排球世界锦标赛，就是 6 人制比赛。为了适应国际比赛的需要，中国必须学习 6 人排球的技术和比赛规则。

　　当时的发球都是"保险球"，攻击性比较差，给中国学生队提供了打"快板"球的好机会。对方发球过来，中国队运用上手传球将球传到位，打"快板"的队员跳起在空中，二传员把球往他的手上传出，扣球手随即往下一"抓"或一"压"，有时还可以利用手腕往两边压甩，球应声落地。这一绝招，欧洲人从没有见过，裁判员也不敢判持球，对方也没有拦过这种球。当时的比赛是对手进攻，中国队防守不起，中国队快攻，对方也不知所措。比赛虽是三战三负，但观众观看时还很感兴趣。中国学生队途经苏联时，苏联专门派了米朗教练来指导中国队。米朗教练过去也未见过快球，不便妄加评说。结果，只要中国队员一打快球，他就耸耸肩膀，不置可否。米朗教练教会了中国学生队换位轮转的方法。中国学生队这次捷克之行，虽未赢一场球，但初步学习了 6 人排球规则和比赛方法，试用了快板球绝招，认识到了技术不全面的缺憾，收获是很大的。

　　1953 年 8 月，在罗马尼亚首都布加勒斯特举行第 1 届国际青年友谊运动会排球比赛，中国青年女子排球队首次出国参加了这次比赛，以 3∶0 战胜了芬兰、奥地利、丹麦、挪威等队，但以 0∶3 负于波兰、保加利亚，结果获这次比赛的第 7 名。

　　通过这一系列的国际比赛活动，中国男、女排球队获得了极好的在国际比赛中学习、锻炼的机会，而且是以当时世界最高水平的队为对手，这对中国排球尽快地掌握 6 人排球的精华，提高技战术水平，克服薄弱环节都有极大的裨益。

　　为了向当时处于世界排坛领先地位的东欧各国学习，特别是向苏联学习，1954 年 6 月至 8 月，中国男女排球队除出访学习、比赛外，还邀请了东欧一些强队来华交流比赛，系统地学习了先进技战术打法和训练方法，对中国排球的发展起了很大的推动作用。

　　在向国外先进球队学习的同时，中华全国体育总会在国内积极推广普及 6 人制排球。1951 年 5 月在北京举行了全国篮、排球比赛大会。这是新中国成立后举行的第一次全国性排球比赛。1952 年 2 月，为培养优秀排球运动员，成立了"中央体训班男女排球队"，同年年底"中央体训班"的学员到 14 个城市巡回表演，推动了地方排球运动开展，同时也促进了各地方排球队伍的建立。

1956 年，高等教育部、中等教育部下达了《一般高等学校体育课试行教学大纲》《中等学校体育教学大纲（草案）》和《师范学校体育教学大纲（草案）》，均把 6 人制排球列为必修科目，国家体委公布了《中华人民共和国运动员、裁判员等级制度条例（草案）》，在京、津两地举办了排球教练员训练班，由苏联专家主讲，全面系统地学习了苏联排球运动训练理论与方法。学员们认真学习和了解了国内外先进经验和我国排球运动的特长，提高了理论水平。

多种多样的竞赛活动也同时展开。1957 年开始，在全国排球竞赛中实行等级制度，在广州和武汉举行了全国甲级联赛和乙级联赛。在全国性竞赛活动的影响下，各大、中城市也都相应地进行了具有本地特色的排球竞赛活动。

第二阶段：探索发展阶段（1956～1966 年）

各省、市、自治区队，根据各自的特点，开始发展各自不同的风格和打法。在 1959 年的第 1 届全运会上，广东男排发展了快攻，上海男排体现了战术的灵活多变，解放军女排发扬了勇敢顽强的作风，北方各队发展了高打强攻。20 世纪 60 年代初，学习了日本队的训练经验，提出了"三从一大"（从难、从严、从实战出发，坚持大运动量训练）等口号。我国男排创造了"盖帽"拦网的技术和"平拉开快球"扣球的技术，推动了我国排球运动的发展。

20 世纪 50 年代，我国排球一方面抓普及，一方面抓提高，迅速将6 人制排球运动推向新的阶段。

1964 年，周恩来总理亲自邀请大松博文教练率日本女排来我国访问，并执教训练。贺龙副总理要求学习日本女排刻苦顽强的训练作风，极大地推动训练工作，我国排球运动呈现了蒸蒸日上的大好局面。新中国排球队在参加了世界大学生运动会和青年联欢节等排球比赛活动之后，朝气蓬勃的精神和独特的技术，引起了国际排坛的注意。

1956 年 8 月，由国际排联主办的男子第 3 届和女子第 2 届世界排球锦标赛在法国巴黎举行。国际排联向中国男、女排球队发出了邀请。8 月 30 日至 9 月 12 日，17 个国家的女子排球队和 24 个国家的男子排球队云集巴黎，参加本届盛会，队数之多，是世界排球锦标赛历届之首。

在世界锦标赛之前，选举大会的最高权力机构——仲裁委员会时，国际排联介绍中国为亚洲的冠军，提名由中国、苏联、美国、法国及意大利等 5 国为仲裁委员会成员，获得全体一致通过。

在国际排联的另一次会议上，通过了由中国、苏联、美国、法国、保加利亚、巴西、意大利等 7 国组成的"争取排球运动列入奥运会项目"专门委员会。

参加这次世界锦标赛的队都是世界一流水平的队。面对强手，中国运动员发扬了敢打敢拼的精神，女排先后战胜了奥地利、德意志联邦共和国、荷兰等队。虽以 2∶3 负于美国队，但积分与德、朝、美相同，计算净胜局数中国队占先，获得第 6 名。

中国男队在 24 个队中，先后战胜印度、南斯拉夫及南美劲旅巴西队，获得第 9 名。中国队在比赛过程中采用后排插上和两次转移相结合的战术，在插上时广泛地采用中国队的传统打法——快球及其掩护战术，打出了"快慢掩护"、"重叠"、"前交叉"、"后交叉"等多种多样的进攻配合。这些配合法国观众还是头一次见到，尤其是中国队的快球，更使法国观众耳目一新。中国队员的鱼跃救球也堪称大赛"一绝"。每当中国运动员抢救一个好球时，法国观众都要报以热烈的掌声。法国报纸夸奖中国队是"杂技一般的表演"。这次比寒，对中国排球队来说，是对几年来学习 6 人制排球后运动水平的一次鉴定，也是对中国队所采用的技术、战术的一次考试。中国队参加巴黎世界锦标赛，是第一次参加真正的排球世界大赛。在同世界强手的对抗之中，中国队看到了自己的长处，增强了信心，也认识到自己的短处，明确了改进的方向，这对于中国排球技术、战术在以后一段时间内的发展具有较为深远的意义。

第三阶段：低潮阶段（1966～1972 年）

这个阶段由于我国的排球运动受到政治运动的干扰，运动技术水平普遍下降，运动队伍出现了青黄不接的现象。在1974年的世界锦标赛上我国男女队分别降至第15和第14名。我国与世界强队已经缩小了的距离又被拉大。

第四阶段：恢复阶段（1972～1978年）

我国于1972年恢复了排球比赛，建立了漳州排球基地。男排创造了前飞、背飞、拉三拉四的打法；女排发展了快速反击，运动水平有了进一步的提高。

1972年国内开始恢复体育比赛，同年举办了"五项球类运动会"，而且召开了"三大球训练工作会议"，进一步明确了训练指导思想，并开始有计划地组织每年的集中冬训。

1976重新组建了国家男、女排球队。在1977年世界杯比赛中女子获第4名，男子获第5名。

第五阶段：高峰阶段（1979～1988年）

1979年年底，我国男、女队双获亚洲冠军，并取得了参加奥运会的资格。1981年至1986年，我国女排5次荣获世界冠军，实现了全国人民和运动员的愿望。

1981年3月中国男、女排球队再次双双获得世界杯亚洲预选赛的冠军。1981年11月我国女排在日本举办的第3届世界杯赛中，七战七捷首次获得世界冠军。全国人民欢欣鼓舞，掀起了学习中国女排拼搏精神的热潮；紧接着在1982的第9届世界女排锦标赛又夺取金杯；继而在1984年的洛杉矶奥运会上再显神威，实现"三连冠"；此后在1985年世界杯、1986年的世锦赛中再次夺冠，创造了世界女子排球"五连冠"的新纪录。女排的胜利不仅实现了中国排球"冲出亚洲，走向世界"的愿望，大大地振奋了中华民族精神，而且开创了现代排球的新纪元。

1981年3月世界杯预选赛在香港举行，出线权的争夺在中国男排和韩国男排之间进行。中国在先失两局的情况下，连扳三局反败为胜。守候在电视屏幕前的亿万人民无比兴奋，青年学生自发走上街头，喊出了"振兴中华"的时代强音。同年11月在世界杯赛中再次获第5名。从世界排名第9升至第5，从亚洲第3跃至冠军。此时，中国男排不仅具备了冲出亚洲的实力，而且具备了与世界强队抗衡的能力。

第六阶段：坦途曲折阶段（1988年至今）

1988年汉城奥运会失利之后，比赛成绩有所影响。男排未进入决赛。

20世纪80年代，正当世界男子排球运动突飞猛进的时候，中国男排却出现了滑坡。1982年世界锦标赛上中国男排没能抓住分组极为有利的时机，痛失进入前4名的机会，仅获第7名。1983年亚洲锦标赛上失去了进入洛杉矶奥运会的资格。1984年东欧等国家抵制洛杉矶奥运会，中国男队获得了参赛资格，但6场比赛中1胜5负列第8名，1985年世界杯亚洲区预选赛上失去了当年参加世界杯的资格。以后虽然在1986年取得亚运会冠军，但1987年在亚洲锦标赛上也仅名列第3。

随着男队的滑坡，女队也步入低谷。1988年兵败汉城奥运会后，虽然在1989年世界杯、1990年世锦赛和1991年世界杯上拿了两个第2名和一个第3名，但在1992年奥运会和1994年世界锦标赛上跌到第7名和第8名。甚至在1994年亚运会上输给韩国队，失去了亚洲霸主的地位。

男、女排跌入低谷不是偶然的。20世纪80年代，世界排球运动迅猛发展，首先是男排的全攻全守打法兴起，改变了高举高打风格单一的格局。新兴起的欧、美男排普遍运用了快速进攻和集体配合的战术打法，同时发挥了高度、力量、跳发球和后排进攻的优势，防守技战术也有大幅度的提高；紧接其后的女子排球男性化趋势也来势凶猛，而中国男女排球队技战术没有创新，没有借鉴，并失去了特色，特别是许多观念明显滞后。在世界排球运动以很快的速度飞跃发展的同时，我国有些省市却削减排球队，队伍萎缩，赛场萧条，队员意志涣散，后备力量严重匮乏。

1994年，国家体委在北京召开"国家男、女排球队工作汇报会暨重振排球雄风研讨会"，明确了"体制改革是刻不容缓的，全国排球界一定要借改革开放的大好时机，精诚团结，同心同德，共同奋斗，重振排球雄风"。1995年，以赛制改革为先导迈开了排球体制改革的步伐，改革使队伍充满活力，技战术水平明显提高。中国女排先于1995年拿下亚锦赛冠军和世界杯第3名，1996年奥运会获得第2名，1997年男排夺得了亚洲锦标赛冠军，同时又在世锦赛预选赛中夺得了世锦赛的参赛资格。1997年排球运动管理中心成立，在改革的道路上又迈出一大步。1997年男排获亚锦赛冠军，1998年第13届亚运会上，中国男、女排球队双双夺冠，2004年女排获雅典奥运会冠军。2008年北京奥运会中国女排获得季军，男排获得并列第7的历史最好成绩。至此，中国女排已雄风重振，回归了世界强队之列；而中国男排也昂首振翅，向世人展现了他们的英姿。

三、加入国际排联

1953年，中国排球协会成立，张之槐任主席。1953年11月，张之槐、马启伟以中国排球协会的名义参加了在罗马尼亚首都布加勒斯特举行的国际排球联合会的行政会议。1954年1月11日，国际排球联合会正式承认并接纳了中国排球协会为正式会员。

四、发球技术的革命

1957年，广东男排根据排球比赛的对抗规律和本队的具体条件，在当时举行的全国排球甲级联赛中，大胆地运动了勾球大力发球技术。在实践中，他们通过系统地、严格地训练，摸索出一套运用大力发球的规律。他们把发球与接球的训练比例扩大到整个技术训练的60%左右，使发球与接球技术的训练有了数量上的保证，因而在比赛中发球得分多，一传失误少，一次进攻占了很大的便宜。1957年广东男排由全国前6名以外的球队，一跃而进入了前3名，这在很大程度上就是靠的勾手大力发球。1958年全国甲级联赛，广东男排又由1957年的第3名上升到第2名，大力发球仍是他们制胜的"法宝"。

在广东队的带动下，大力发球风靡全国，不仅甲级队普遍采用，乙级队以及参加锦标赛的各队都开始广泛地运用；不仅男子队采用，女子队也有不少队员采用。这个时期来访华的外国队都尝到了中国队大力发球强攻的苦头，一场比赛他们的一传要丢掉18分左右，最多的高达25分。当大力发球技术方兴未艾的时候，另一种攻击性很强的发球——上手飘球技术也出现了。中国最早运用这种新技术的是上海"红队"的龚俊平。当时，上海"红队"和上海"蓝队"都以大力发球见长，而上海红队采用大力发球之外，龚俊平的上手飘球也是"红队"得分的重要手段。当时虽然还没有人从理论上对这一技术进行总结和提炼，但是实践中已经感觉到了这种发球的威力。

总之，大力发球和上手飘球的出现对中国排球的技术、战术是一次推进，或者说是一种技术革命，它使排球各项技术间的发展出现了不平衡。

中国排球

五、拦网规则的修改

1964 年，国际排联在日本东京举行会议，修改了有关"拦网"的规则。修改后的规则条文为："当一方扣球前，另一方前排队员身体任何部分越过球网上沿以上的垂直平面触球，即为过网触球犯规，但当一方队员扣球或吊球后，另一方拦网队员过网触球不算犯规。"这明确地规定了在对方扣球后拦网手可以过网拦球。

这个变化对于拦网来说是一个极大的转变。规则修改后允许拦网手过网拦球，完全改变了拦网技术单纯防御的性质，可以通过拦网将对方的扣球直接拦死在对方场上而得分获得发球权。也就是说，新规则实施后的拦网具有了进攻与防守的两重性。这种新规则对于人高、手长、占有空间优势的欧美队显然是有利的，给亚洲的中、日、韩等队带来了较大的压力。

1964 年初，中国排协获悉国际排联将在 1965 年修改拦网规则。国家体委球类司决定立即在当年举行的全国排球联赛中执行新的规则。于是，一个群众性的钻研拦网新技术的热潮迅速在全国掀起。

1965 年 7 月，中国男排参加了在苏联里加举行的五国国际排球赛。中国男排的直臂曲腕盖帽拦网，在比赛中崭露头角。在对苏联、捷克斯洛伐克、民主德国等世界强队的比赛中，中国队拦网得分占总得分的 21.1%，其他的队拦网得分占总分的 20.5%。中国队的拦网，从过去的落后状态一跃而进入了世界先进水平。

同年 11 月，日本排球队访问中国。当时，日本男排是世界第 5 名，身高情况和中国差不多。但比赛时由于中国队在拦网上占了绝对的优势，结果比赛出现了一边倒的形势。据 3 场比赛的统计，中国队拦死 77 次，而日本队只有 37 次。中国队的平、快球进攻，使日本队防不胜防；中国队的盖帽拦网，使日本队的扣球受到极大的威胁。在与中国队和北京队的比赛中，日本队有一局只拿了 1 分，有一局是 0 分。

重大国际比赛中拦网技术的成功，给中国队带来了信心。

中国队从逆境中奋起，改变了拦网的落后面貌，并使自己跻身于世界排坛的前列。新规则对中国排球发展的影响，还直接促进了中国队在快速战术方面的巩固、发展和创新。

沙滩排球的发展

沙滩排球在我国起步较晚，1987 年 7 月我国首次组队参加了沙滩排球国际邀请赛，同年 8 月，我国首次在北戴河举办了沙滩排球联谊活动，此次活动由《中国排球》杂志与中国体育旅游公司联合举办，以后几年中陆续在深圳、海南、烟台和青岛等地举办了一些不同形式和不同水平的沙滩排球比赛，1993 年中国派出男女各一对选手参加了亚排联举办的沙滩排球巡回赛。这一系列活动使沙滩排球在我国逐步被人们所认识和喜爱，掀起了中国沙滩排球史上的第一个高潮。

1993 年国际奥委会确认沙滩排球为奥运会正式比赛项目后，中国排协加大了对沙滩排球的推广和提高工作。1994 年的广岛亚运会，沙滩排球被列为表演项目，中国男队和女队均获得第 5 名，1994 年我国还举办了首届全国沙滩排球巡回赛。

1995 年在上海举行的亚洲沙滩排球系列赛上，中国派出 4 支队伍参赛。同年，在青岛和上海举办了全国沙滩排球巡回赛，巡回赛在组织竞赛上与 1994 年有三点不同：一是社会力量办竞赛，即把上海市体委和山东省体委拟定举办的邀请赛并入国家体委竞赛计划，使其成为 1995 年的全国沙滩排球巡回赛；二是选手资格不限，仅规定各地限报两名选手参赛;三是比赛只设两站,并连续进行,综合两站的成绩排出各队名次。

1996 年 7 月在天津市塘沽区举办了首届全国沙滩排球精英对抗赛,这是我国第一次完全由社会出资举办的商业性沙滩排球赛事,冠军奖金达到 5000 元人民币,在当时引起轰动。由于沙滩排球被列为 1997 年第八届全运会正式比赛项目,所以各省市发展沙滩排球的积极性很高,共有 32 支队伍参赛,上海一队和四川一队分别获得男女冠军。1997 年 8 月 5 日~18 日,中国首次派出 4 支沙滩排球队参加了世界女子沙滩排球巡回赛日本大阪站和韩国釜山站的比赛。从 1998 年开始,中国沙滩排球运动进入了提高阶段。首先在政策上,中国排球协会(CAV)出台了一系列措施,沙滩排球成为独立的竞技项目并与室内排球彻底分开。1998 年 8 月 12 日~16 日,我国排球协会第一次作为承办方在大连金石滩举办了世界排联女子沙滩排球巡回赛中国大连站的比赛。此项赛事由大连连续承办了 3 届,其中在 2000 年的大连站中,迟蓉和熊姿取得历史性突破,获得第 3 名;张静坤和田佳获得第 7 名,双双获得了 2000 年悉尼奥运会参赛资格。

进入 2000 年后中国沙滩排球运动员的世界排名迅速提高,女子取得了优异的成绩。悉尼奥运会熊姿、迟蓉获得第 9 名。8 月在广东阳江举办的首届亚洲沙滩排球锦标赛中,中国队囊括了女子冠亚军。

2002 年 8 月,第 3 届亚洲沙滩排球锦标赛在营口鲅鱼圈经济开发区海滨举办,中国队林羡玲、洪丽娜获得冠军。10 月,韩国釜山亚运会,中国运动员田佳、王菲和尤文慧、王露包揽女子沙滩排球冠亚军。

2003 年 8 月和 9 月,田佳、王菲在印度尼西亚站和意大利站比赛中,两次获得世界女子沙滩排球巡回赛冠军,实现了中国沙滩排球运动历史性突破。值得一提的是,2003 年我国沙滩排球项目获得了独立的编制,取得了与室内排球同等的待遇和地位,这为沙滩排球的进一步发展创造了条件。独立编制的设置,奠定了中国沙滩排球发展的物质基础,缓解了训练、比赛等方面经费的不足,使中国队员有更多的机会走出国门,参加比赛,与世界高水平选手进行交流、学习,从而达到尽快提高的目的。

2006 年世界巡回赛波兰站比赛中，中国男子沙排选手徐林胤、吴鹏根发挥出色，夺得中国男子沙排史上首个世界巡回赛季军，这也是中国男子沙排队选手到目前为止所取得的历史最好成绩。同年的多哈亚运会上，中国男、女沙排队共获 2 金、1 银、1 铜。

2007 年 7 月底结束的世界沙滩排球锦标赛上，中国组合不仅创纪录地夺得一枚银牌，而且女子两对组合闯入半决赛，男子两对组合跻身八强。

2008 年北京，中国选手田佳、王洁和薛晨、张希，分别取得了奥运会女子沙滩排球亚军和季军的辉煌成绩。短短十几年时间，从无到有、从弱到强，中国沙滩排球运动成绩的跨越式进步，说明中国沙滩排球运动在健康成功的道路上进步神速。

2010 年，在世界排球大满贯莫斯科站的比赛中，中国选手徐林胤、吴鹏根合作，获得了此次比赛的冠军，这也是我国男子沙滩排球获得的第一枚金牌。

2011～2012 两年的时间里，中国沙滩排球选手张希、薛晨，以出色的竞赛技能和彼此之间的默契合作，在世界沙滩排球大满贯瑞士站和世界沙滩排球巡回赛中国三亚站上分别取得了亚军、季军的好成绩。

2013 年，在世界沙排锦标赛上，中国沙排选手张希、薛晨再创佳绩，获得了此次比赛的冠军。

中国沙排的异军突起，使中国在今后的各大赛事上又多了一个突破点。回顾我国沙排近几年的比赛战绩，可以很明显地看出，我国沙排运动正以一种又稳又快的脚步发展，相信我国沙排在不远的将来创造出更好的成绩。

排球运动的传播

一、通过教会活动传播

排球运动出现后，通过教会的传播活动和美国军队的军事与战争活动，传播到了世界各国。

排球传入亚洲较早。通过基督教青年会的传播，1900 年，排球传入印度；1905 年传入中国；1908 年传入日本；1910 年传入菲律宾。

当排球传入亚洲时，规则尚处于不完备的阶段。当 1910 年美国传教士布朗将排球运动介绍到菲律宾时，看到亚洲各国经常在室外进行排球运动，且人口众多，考虑到让更多的人能参加排球运动，他介绍的是16 人换发球制的排球。这种 16 人制的打法又随着 1913 年第一届远东运动会的采用而传播到了亚洲各国。这样，亚洲各国都经历了 16 人、12人、9 人制排球这一过程，直到 20 世纪 50 年代才引进 6 人制排球。至今，在亚洲各国还能看到 9 人制的排球比赛。

随着基督教青年会的活动，排球在 20 世纪初进入了美洲一些国家。1900 年，加拿大成为第一个在美国之外开展排球活动的国家。接着排球就传入了南美各国：1905 年传入古巴，1909 年传入波多黎各，1912年传入乌拉圭，1917 年传入巴西。

在美洲各国，人们习惯地将排球活动看做是一项消遣娱乐活动，并没有看重它的体育竞赛性质，直到 1964 年被列为了奥运会项目，排球在美洲所受的冷遇才得到改善。

二、通过战争传播

第一次世界大战期间（1914～1919 年）和第一次世界大战结束后的几年中，排球运动列入了美军军事训练营的训练计划，推广到美国国内及国外的军事营地，成千上万的排球和球网被送到美国军人的手中。同时它也被作为礼品赠送给了盟军的体育官员们。这样，排球随着美国军队的军事活动传到了欧洲大陆和地中海沿岸：1914 年传入英国，1917 年传入法国、意大利、俄国，1918 年传入南斯拉夫，1919 年传入捷克斯洛伐克、波兰，1922 年传入德国。

值得一提的是，1919 年，美国派遣军分发了 16 000 个排球给它的部队和同盟军，这一行动大大刺激了排球在欧洲的开展。1925 年，以斯大林为首的苏联共产党中央委员会批准排球为群众性体育项目，提出了"百万人排球运动"的号召，使排球运动在苏联很快得到普及和发展。第二次世界大战后，受苏军士兵的影响，排球在东欧各国也开展起来了。

三、国际排联的成立促进了排球运动的传播

排球的比赛性质和世界各国对举行世界性排球比赛的要求，促成了国际排联的成立。1947 年在巴黎召开了由 17 个国家排协代表参加的大会，正式成立国际排球联合会（FIVB），法国人鲍尔·利伯被选为主席。

国际排联于 1949 年在布拉格举办了第一届世界男子排球锦标赛。从排球运动的初创到 1949 年第一届世界男子排球锦标赛，其间走过了半个世纪的历程。在这半个世纪中，排球规则逐步形成，基本技战术日趋丰富，国际交往越来越多。1952 年在莫斯科举办了第一届女子排球锦标赛，1964 年东京奥运会上排球被接纳为奥运会项目，1965 年在华沙举办了第一届男子世界杯排球赛，1973 年在乌拉圭举办了第一届女子世界杯赛。至此，形成了排球锦标赛、世界杯排球赛、奥运会排球赛三项健全的世界大赛制度，各项赛事每隔 4 年举办一届。此后，世界排球大赛系列中又增加了世界男女青年锦标赛（1977 年），世界男女少年锦标赛（1989 年），世界男排联赛（1990 年）和世界女排大奖赛（1993 年）。

1964 年东京奥运会女排决赛时，日本电视收看率达全国人口的 91%。1981 年在巴黎近郊克拉马市举行的一年一度的"一日排球赛"上，275 个队，近 2 500 名男女运动员，从早到晚在足球场地上划定的 54 个排球场上进行了 1 200 场角逐，队员中男女老少齐上阵，背着孩子出场的大有人在。

1983 年 7 月苏联男排访问足球王国巴西，同巴西男排在可容纳 10 万观众的足球场中进行了比赛，观赛者有 96 000 人，因天降倾盆大雨使比赛中断 45 分钟，竟无一人退场。

1986 年地中海岛国马耳他创办了一年一度的排球马拉松。排球马拉松从每年 8 月的第一个周末 22 点正式开始比赛。比赛在 6 支队伍间连续轮换进行。1986 年连续进行了 100 个小时，1987 年 120 小时，1988 年 144 小时，1989 年 170 小时，1990 年 180 小时，1991 年 190 小时，1992 年 195 小时，而今已超过了 200 小时。排球马拉松吸引了全城

85%的人口前往观战，受到了国际奥委会、国际排联、欧洲排联等国际体育组织的祝贺。

为了进一步推动排球运动的发展，1988 年国际排联制定了《世界排球发展计划》：在世界各个地区建立 20 多个排球发展中心，发展娱乐性和健身性排球，向发展中国家赠送排球器材，向各国提供技术教材和录像资料等。1995 年国际排联推出了《世界排球 2001 计划》：在各大洲各国树立排球为顶尖运动的形象，使排球成为观众最喜爱的运动之一，让排球引起电视网和各节目赞助商的兴趣，使排球管理机构成为现代高职业化的机构，使拥有高水平球队的国家数量不断增加。

到 1997 年，国际排联已成为拥有 213 个国家和地区会员的，世界上最大的单项体育运动联合会。参加排球运动的人数已超过 1 亿 5 千万，排球运动已成为当今世界上仅次于足球的广为普及的运动项目，深受各国人民喜爱。

世界排球运动的发展趋势

自 1949 年举行第 1 届世界男子排球锦标赛以来，国际排球运动有了较大的发展。特别是 1964 年奥运会把排球运动列入正式竞赛项目后，各国对它普遍重视，它的技术、战术发展已进入了一个新的阶段。20 世纪 50 年代，苏联和东欧一些国家的排球运动成绩一直处于领先地位。60 年代，日本女排一跃而夺得世界冠军。70 年代，日本、中国、朝鲜民主主义人民共和国和韩国等亚洲队，以快速多变的打法著称于世；在拉美以弹跳见长的古巴队，和进步较快的美国女排，也引起人们注目。1980 年代初期，世界女排呈现出中、日、苏、古、美五强对峙的形势；从男排的情况看，身材高大、实力雄厚的苏联队仍处于领先地位，保加利亚、罗马尼亚、古巴、中国、波兰、巴西、捷克斯洛伐克、意大利和南朝鲜等队也争相全面提高技术。而在当今的排坛，更是巴西、中国、美国、荷兰、古巴、俄罗斯、日本、意大利、德国、波兰等队伍几强相争，泰国、多米尼加、波多黎各等队伍进步也很快。当代世界排球技术、战术的特点及其发展趋势是：

一、技术的发展趋向

1. 技术动作更趋于模糊化

现代排球比赛攻防转换的节奏加快，攻防的概念也发生了变化。发球不单是比赛开始的技术，也是极强的进攻技术，其球速可以达到100千米/小时，超过了扣球速度。发球的攻击性不仅仅体现在发球的力量、旋转、飘晃等性能上，更体现在运动员身上。队员在发球时灵活性要强，要在发球时采用的路线、区域、找人、"凶"和"稳"间进行变化，这就使得发球成为更强有力的进攻技术，拦网也不再是单纯的防守技术而变为最前沿的进攻技术了。

2. 技术动作模式更趋于合理化

现代排球的高水平比赛中，由于球速的增快和战术变化的莫测，防守技术动作由原来的准备姿势判断—移动取位—击球的模式，发展到边判断、边取位—反应动作—控制球的模式。判断与取位同时进行，反应动作则以身体的适当部位去拦球，如肩、臂、手、脚等。在这些部位与球接触的瞬间，控制球的反弹方向和力量便是现代防守的技术动作要领。

3. 跳发球技术的多样化

发球是排球技术之一，是排球比赛中一项重要技术。准确而有攻击性的发球可以直接得分，或破坏对方的战术组成，减轻本方防守压力，为反攻创造有利条件。如果发球威力不大，不但失去直接得分和破坏对方战术的机会，还会给本方防守造成很大的困难，形成被动局面。发球失误，将直接失分和失权，因此，发球在排球比赛中相当重要。由于发球是排球技术中唯一不受制约的技术，因而它的发展很快，由原地发球到跳发球，现在又出现了跳发球技术的多样化，平飘、轻飘、侧旋、下旋、轻发落点等日渐盛行，助跑勾手大力跳发球、单脚起跳发球等新技术也已初见成效。

4. 新技术出现的科学化

从现代排球运动技战术的发展趋势看，在防守战术上提倡有预判的

"出击防守"，低重心、取位靠后的防守动作（低姿防守动作），被取位靠前、重心升高，以身体面积封堵扣球角度的后防技术（高姿防守技术动作）所替代。击球技术动作，由用手击球这一单一的技术动作，发展为以身体任何部位去拦截球，如肩、臂、手、脚等。此外还有跳发球技术、垫击二传技术等。这些新技术的出现，尤其是冲跳扣球增大了可扣球空间和适应能力，对二传球的落点要求降低，从而诞生了边二传和心二传阵形。

5. 近网和后排扣球的快节奏化

后快球由原先的距网 2 米左右向近网 1 米左右处推进，成为后近体快球。此外，单脚冲跳扣球也缩短了后排扣球与球网的距离。

在快球掩护下的后排第二点进攻以及强攻球的弧度均有降低的趋势，加快了进攻节奏。

6. 单手拦网技术是拦网技术发展的前沿

拦网是拦击对方扣球的一种很好的个人战术，它不但是一种防守战术，而且是直接得分的有效手段。正确地掌握拦网时间，充分地扩大拦击面，利用拦网技术动作的变化，可充分实现个人拦网战术。随着排球技战术的日新月异，有意识地使用单手曲腕拦网，增加了拦击高度和伸过球网的距离，提高了防守的攻击性，是拦网技术发展的前沿技术。排球运动的创新，归根结底是技术的发展与创新。

二、战术的发展趋向

1. "全面型"战术发展的整体趋势

"立体化"成为进攻战术的主导，排球战术经历了"高—快—高"和"点—线—面—立体"的演变过程。目前，世界排球界均注重"全面型"战术系统的构建和发展，在一个队伍中，每个队员既要掌握强攻、快攻、后排攻等个人进攻能力，又要掌握快攻掩护下的多种战术配合，并且掌握"立体攻"的全场战术组合。只有在进攻能力"全面型"的基础上，才能在实战中有针对性地、灵活地、得心应手地、富有实效地运用各种战术。近年来，随着"全面型"进攻战术体系的不断完善，"立体化"进攻战术越来越显示出整体性全方位攻击的强大威力。"立体化"进攻，是指进攻战术既有前排各进攻点的多层次配合，又有后排进攻面的多方位变化，还有发球及调整球线路在全场区延伸和扩展。这是一种占据全方位空间的进攻战术形式，使"面向纵深、方向扩大、前后一体"的现代排球战术系统日益充实和完善。可以这样认为，在未来的排球比赛中，谁占有的战术空间更多，谁就能更好地发挥自己队伍的特长。因此，"立体化"进攻战术将在很长的时间内成为"全面型"进攻战术的主导。

2. 贯彻"快速化"的战术思想

"快"，是当前世界排坛比赛战术运用中人们共同瞩目的焦点问题。在排球比赛激烈的对抗中，只有快速地进攻，快速地调整，快速地配合，快速地防守，才能掌握比赛场上的主动权，占得进攻与防守的先机。"快速化"已日益成为世界各支队伍的主导思想。在"快速化"的排球战术思想中，所强调的应是建立在整体配合基础上的快，具有强大力量的快，队员行动随场上情况的变化而变化的快。比赛中影响"快速化"战术的因素主要有以下几个方面：

（1）个体的反应：队员从精神上和身体上进入比赛状态要快；场上判断、移动、取位要快；根据比赛中的瞬间形势应变速度要快。

（2）队员间配合的默契性和熟练性：队员间的信号联系要完善，各种战术配合都驾轻就熟；了解同伴的技术特点和在场区不同位置的优势及不足之处；能够协助其发挥优势并主动弥补不足，减少因配合不好而出现速度上的拖延，使战术配合流畅、快捷。

（3）身体力量：力量是速度的基础，强大的腿部力量、腰腹力量、上肢力量构建了移动、起跳、击球的整体速度框架，是运用"快速化"技术的物质前提。

3. 采用"多变型"的战术行动

在全面、快速的基础上，多变的战术行动是排球比赛中最具活力的表现形式。两种战术组合的比赛特色，早已不适应现代排球运动的发展要求。多种战术方式的有效组合、创新及临场发挥，使排球运动充满无限生机和无穷魅力。其具体表现为发球战术的多变，有力量大的跳发球，也有吊网前的轻飘球；进攻战术的多变，有点高力大的强攻突破，也有快速变化的跑动进攻；防守战术的多变，有高大的移动拦网，也有稳健的后排防守。多变的战术行动要求队员具有良好的排球战术意识和整体的协调配合，能够根据比赛的进展情况，做出正确的判断和快速的反应，既能完成预定的战术构想，又能随机应变，巧妙地运用各种战术手段。

4. 提倡"前高位"防守战术，注重"自由人"的合理使用

规则的不断革新和变化，使排球比赛攻防力量趋于平衡。允许身体任何部位可以击球，发球得分制改成每球得分制，"自由人"的出现，等等，已使防守成为掌握场上主动或得分的重要方面，防守战术被各队加以充分的重视。目前"前高位"防守成为防守战术发展的新趋势。"前高位"防守战术是指：防守中加强网上、网前的高防，在前排网上争防第一点，并和后排防守一起，加快拦防反击的速度。同时，"自由人"防守形式的出现，获得积极的防守效果。目前，在"自由人"的使用上，世界强队普遍根据本队的实际情况和战术运用的需要，有目的、有计划地选择各项身体素质突出，尤其是反应敏捷、作风顽强的队员对其进行专门的"自由人"训练和培养，既有选择防守能力突出的队员作为"自由人"，专门进行不定位的1号位、6号位、5号位防守的队伍，也有选择接发球好的队员作为"自由人"，主要担任全队接发球重任的队伍，并且充分利用规则赋予"自由人"种种"特权"，使"自由人"能够及时替换场上进攻能力强而防守能力相对较弱的队员，或替换因扣球、拦网而体力消耗过大的队员，同时适时地将教练员的临场指挥意图传递给场上队员。

5. 战术运用趋向合理、简练和实效

"合理、简练、实效"的战术运用是现代排球战术发展的趋势之一。排球战术组合和运用的最终目的是获取胜利，在排球运动新规则的导向下，排球比赛的竞争性日趋激烈，各种战术组合和运用都在寻求更为有效的途径，在全面型、立体化、快节奏、多变化的整体战术体系中，根据不同对手的水平采用"合理、简练、实效"的战术手段已成为制胜的重要手段。"合理"是指能够根据场上本方和对方的情况正确地采用相应的战术手段，如发球进攻战术，发球队员可以根据自己的发球特点和对方的站位情况以及场上的局势，选择跳发球、平冲球或飘球的形式，确定寻点发球或是找人发球的战术；再如根据对方进攻点的变化和进攻队员的特点采用相应的单人拦网、双人拦网或三人拦网战术及

各种形式的保护战术等；"简练"是战术配合的节省化和快捷化。所谓战术配合节省化和快捷化是指在组织和运用战术时，选择最佳进攻点或防守阵形，以迅速的战术动作完成有针对性的战术配合。其具体战术行动为战术组织能快不慢，选择突破避强攻弱，战术配合呼应到位，战术变化谙熟防生；"实效"是临场比赛战术运用的强烈制胜目的性的实现。比赛的目的是获取胜利，强烈的获胜目的应贯穿于战术的使用中，每一次战术配合都以获胜为目的，获胜目的的实现就是战术成功的效果体现。战术运用中的"合理、简练、实效"是一个有机的整体，它们是相辅相成的，"合理"是"简练"和"实效"的基础；"简练"是在"合理"基础上切合临场变化的运用和"实效"的具体表现；"实效"则是"合理"基础上和"简练"使用中所追求的结果。

PART 3 目前状况

世界排球运动现状

一、攻守平衡已成为现实

在排球发展过程中，攻强守弱的状态已持续了很长时间，国际排联为了扭转这种局面，对排球规则作了几次重大修改。如：每球得分制的使用，自由人的出现，发球区的扩大，允许身体任何部位击球等，必将会进一步促进排球技战术的创新，充实排球运动的内涵，丰富排球运动的表现形式。排球技战术的不断丰富和发展与排球竞赛规则的不断修改和完善是互为因果的。在这里必须重视两个带有规律性的问题：一是除发球和扣探头球外，排球的一切进攻都是从接球和防守开始，没有良好的接球和防守作基础，一切进攻无从实现；二是每球得分制要求运动员的攻防技术更加全面、准确和有效，进攻与防守互相依存、互相制约，规则的修改不能改变排球比赛的这一基本规律。

纵观世界排球技战术的发展历程可以看出，进攻与防守对抗贯穿于排球运动发展的整个过程。例如：扣球技术的产生促使了拦网的出现；勾手飘球技术的发明，刺激了垫球技术的发展；网前跑动换位、交叉重叠掩护等快攻战术的运用，与此相对抗出现了重叠、换位等拦网战术；拦网技术的提高，推动了后排进攻战术的运用。进攻与防守战术的相互对抗又相互联系，相互制约又相互促进，是排球运动技战术发展的主要动力。进攻技战术的提高带动了防守技战术的进步，而防守技战术的加强，又反过来促进进攻技战术的发展，形成了排球技战术发展螺旋式递进的特征。

二、技战术向全面、高度、快速、多变方向发展

排球运动要求运动员技术全面，能攻能守，进攻上既能强攻又能快攻，既能前排攻又能后排攻，前后排融为一体。根据运动员不同特长，有效地组合不同的战术，使战术组合更具个性化，发挥整体优势。

随着运动员身高和弹跳力的不断增长，后排扣球技术的应用日益普遍，成为当今高水平排球比赛的主要进攻手段。高快结合，前后排结合，进攻向着立体、全面型方向发展。运动员凭借身高、弹跳力强、爆发力好、力量大和挥臂速度快等优势，跳发球技术被大量运用，采用跳发平飘，跳发侧旋、下旋，轻发落点等多样化跳发球技术，以达到先发制人，争取主动的目的。发球技术正向着发球高点、大力、快速方向发展。四号位平拉开结合二、三号位的跑动进攻战术，降低后攻的弧度，增加反攻的进攻点等等都是为了争取时间，夺得空间，加快进攻的速度，突破对方拦网。速度在不断加快，采用的手法是降低弧度，增快传出球的速度等。

世界男排各队的集体配合战术更加丰富，战术有新的发展，四号位平拉开，三号位远网快球，远网短平快被普遍采用。重视集体配合和快攻战术，技术全面、攻守兼备、快速灵活，自身失误少，一攻水平高、防守能力强的队伍代表着当今世界排球的最高水平。过去日本女排的勾飘和垫球，中国女排的背飞，波兰男排的后攻，日本男排的短平快球，美国男排的两人接发球，确实在夺冠中发挥了作用，但依靠的是整体攻防的技术实力。实践证明：技术不全面，就不能保证战术的组织与变化；排球运动的全面内涵是在全攻全守基础上突出自己特长，各单项技术的运用从较单调打法向多样化、更全面的方向发展。当今排坛世界各强队在注重高度和速度的同时，每名运动员的技术是否全面，全队的串联技术是否合理、娴熟等成为一支球队成熟与否的标志。攻守不平衡，就无法夺取比赛的主动权；没有高度，必然削弱网上扣拦抗争的实力；队员个人普遍没有特长，全队也必然没有特点；没有集体配合，也就谈不上更好地发挥个人的特长；有不必要的失误，就会不攻自破；没有拼搏精神和勇猛顽强的战斗作风，就缺

少取得胜利的可靠保证。

经过一百多年的发展与变革，排球战术体系的构建和发展经历了"点线面体"的演变过程，对战术的运用趋向合理、简练和实效。国际排球运动的发展已经进入一个新的时期，在发展速度、提高力量、增加变化、全面发展、有所特长的基础上向更高层次、更高水平迈进，具体表现在力量、速度、高度和技巧紧密结合，攻守技术全面，战术风格独特，队有特点，人有特长，身体素质好，心理素质高，在技术、战术、身体、心理层次全面发展，是当代排球运动发展的趋势。全面、高度、快速、多变将在更高层次上不断深化和发展。

三、排球运动的职业化、商业化、大众化

20世纪90年代以来，竞技排球朝着职业化、商业化和大众化的方向发展。职业化是排球运动的发展趋势，高额奖金促使比赛更加精彩，而紧张激烈的对抗更能吸引观众，又能创造更大的经济效益。意大利率先推行职业化和俱乐部制度，法国、德国、比利时、荷兰、瑞典等国家职业排球的开展也十分活跃。职业化和俱乐部制度吸引了大批优秀选手投身竞技排球，大大提高了排球比赛的激烈精彩程度，提高了排球运动的吸引力。传播媒体的介入，促使排球运动商业化趋势日益加强，沙滩排球比赛职业化、商业化就是率先走向市场的范例。娱乐排球的盛行，使排球运动发展成为世界上最主要的运动项目之一。排球运动的竞赛形式越来越多样化，大众化趋势日益明显。

四、排球教学、训练向多学科综合运用和更加科学化方向发展

随着我国素质教育的进一步实施，排球课程教学与改革将逐渐成为一项重要的研究内容。利用电影、电视录像和计算机等媒体技术手段，可以动态地模拟排球技战术的时空状态和连续变化过程，提高直观教学效果。随着排球教学实践的发展，排球教学研究范围也在扩展。对课内与课外排球活动一体化的研究，对排球教学内容的选择，手段与方法的更新，考核与评价标准的制定等方面的探讨，不断引进现代教学理论与方法，程序、发现等教学模式的推广与应用，必将推动排球教学改革的深入。

排球运动科学研究不仅涉及医学、生物化学、生物动力学、心理学

等自然科学的领域，也涉及哲学、经济学、教育学、史学等社会科学的领域，这些多学科、多侧面的研究为排球运动的科学研究开辟了新的领域，为进一步加深对排球运动规律的认识提供了工具，对排球运动科学的认识将更加深入广泛。

纵观排球运动的发展历程，从观念的转变、理论的形成、技战术的创新，到训练手段的改进、教学方法的改革、竞赛规则的修改等，排球运动研究内容的覆盖面不断扩大，研究领域不断拓宽，研究层次不断提高。随着排球运动实践的发展、排球技战术的创新，排球运动员生理、生化特点，心理训练，排球技术的生物动力学分析，排球运动员的选材，体能训练，比赛的营养与恢复，计算机在排球教学训练和比赛中的应用等方面的研究将进一步深入。

五、排球运动科研与实践的结合日益紧密

科研直接为排球教学训练和比赛实践服务，是排球运动科学研究活动的一个显著特点和发展方向，也是促进排球运动科学研究发展的过程。从方法论来看，科研人员越来越多地从文献研究、思辨研究，走向实证研究，正在从不同层面上去关注学校、关注课堂、关注运动训练实践，提高研究的实际应用价值；从科研的功用来看，越来越多的排球科研人员不再满足于排球教学训练的一般抽象理论论述，开始更多地追求排球运动研究成果的推广应用，促进排球教学训练的改革与发展。

六、排球运动科研方法和手段不断丰富和发展

排球运动科研的发展和水平的不断提高，是与科研的方法和技术手段的不断进步、丰富和发展分不开的。现代科技的研究成果越来越多地引入到排球运动领域中，20世纪70年代末，美国女排将计算机技术引入临场指挥和技术分析，日本队采用三维摄影分析扣球技术等。80年代以来，便携式计算机、录像和无线电通信等高科技设施进一步渗透到排球教学、训练和比赛中，使排球教学训练更加科学化。随着相关学科科研成果向排球科研领域的不断渗透和现代科技的应用，排球运动科研的方法和技术也有了长足的发展，主要表现在：十分重视有效吸收和移植其他学科的研究方法，在具体运用多种研究方法时，则表现出极强的

综合性，综合运用多种研究方法是排球运动科学研究发展的重要趋势。

综上所述，现代排球运动科研从过去重点研究竞技排球逐步转向竞技排球与娱乐排球并重方向发展，大众排球研究日益受到重视；在研究方式上，多学科综合研究不断加强，强调对同一对象进行多学科同步综合测试、观察和研究；在研究方法上，从定性描述转向定性与定量相结合，力求做到多样化与统一；在研究手段上，从手工操作日益转向现代化，如测试仪器自动化、电脑化、遥控化、轻便化；在研究思路上，重视吸取现代科学思想，重视借鉴现代科技理论和科技成果；在研究主体上，已从专家独立作战逐步转向专家与教师结合研究。

展望 21 世纪世界排球运动发展的态势，世界排球运动正处在一个多强纷争的阶段。正如张然教授指出："21 世纪初叶世界排球的大势，可谓女排优势在美洲，男排潜力藏欧洲，危机隐伏在亚洲；女排强队较少，男排劲旅林立，并向多极化的趋势发展。"

我国排球运动现状

（一）排球运动

1. 体制需要改革

以往的排球运动管理体制以及运行机制，已经不适应我国建立的社会主义市场经济体制与国际排坛高度发展的商业化和日渐成熟的职业化趋势。如何有效地实行体制改革，建立适合现阶段国情的管理、训练和竞赛体制，是我国排球运动发展的当务之急。要探索研究在现有的条件下，能否推行和如何推行排球运动职业化问题，从而改变观念，有意识、有目的、有计划地通过竞赛活动把市场搞活，并通过培养市场、发展市场来推动排球运动的发展、普及和运动水平提高。

2. 国家队和地方队"需求"矛盾尖锐化

"全国一盘棋"是我国排球队的一个优良传统，然而在新形势下运动队的生存需要市场，市场需要"球星"，国家队和地方队的"需求"

矛盾就变得尖锐了。

人才流动是市场经济的必然产物，有人才的流动才能激活市场、均衡市场。然而运动员的成才需要一定的时间和投入，因此如何加强人才的开发和管理，既搞活了市场，调动国家队与地方队双重积极性，又有利于培养后备人才和提高运动水平，就成为了体制改革中亟待解决的问题。

3. 探索新形势下行之有效的训练模式

多年来冬训、夏训和一年两个赛季的大周期训练模式，对我国排球运动水平的提高起到了很大的作用。然而新形势下体制的改革与竞赛制度的改革打破了旧有的训练模式。应解决边赛边练、研究小周期训练模式，坚持系统训练，以及在频繁比赛中保持体能和竞技状态等问题。

4. 进一步明确技战术发展的指导思想

全攻全守排球发展的初级阶段，强攻、远攻、后攻的比例增大了，网前战术变化少了。应该清醒地认识到，这种现象是排球技战术向立体化发展过程中暂时的、局部的匮缺或精简。随着技战术的进一步发展和完善，高快结合、前后交错、丰富多变的立体战术体系已经开始形成，它正在不断充实发展，具有多层面、多节奏的广阔三维演化空间。不可因循守旧，固步自封，应总结经验，大胆创新，在全面发展的基础上，汲取现在排球技战术的精华，将我国快速灵活、配合多变的特点，引向纵深，发扬光大。

5. 提高教练员和管理人员的素质，加强运动队伍的建设和管理

现代排球运动发展到今天，运动水平如何不仅仅取决于运动训练的过程，而且取决于诸多社会因素发展水平的总和，教练员、管理人员需要更广阔的社会知识和认识与把握事物的能力。因此应提高教练员和管理人员综合素质，加强运动队伍的建设与管理。

（二）沙滩排球运动

1. 后备人才体系不完善

虽然我国室内排球和沙滩排球已经实行分项管理，排球运动管理中心成立了沙滩排球部，各高水平队也加大了后备人才培养的力度，但我国沙滩排球后备人才培养机制尚不健全，我国沙滩排球还没有建立起独

立的初级训练体系，仍然和室内排球处于同一个初级训练体系，优秀排球运动员首先满足室内的需要，而沙滩排球只能吃室内排球的"剩饭"，这样就造成了沙滩排球运动员大多数"先天不足"，这种体系暴露了我国缺少优秀沙滩排球后备人才的严峻问题。

2. 理论和实践的积累不足

沙排在我国作为一项起步较晚的球类运动，人们对它并没有足够全面的认识，所以在理论研究方面一定程度上还停留在室内排球的理念中，虽然目前已经有了初步的课题研究，但仍然较肤浅，尤其是对运动员培养成材规律，对训练理念、致胜规律、理论研究、科研创新等工作的研究相对滞后。这就要求沙滩排球体育工作者要敢于在理论方面有所突破，有所创新，尽快形成具有我国特色的沙滩排球运动理论体系，以取得领先的优势，从而更好地指导训练工作。

3. 训练、赛事经费不足及区域发展不平衡

我国沙排运动现今所面临的最大问题就是资金匮乏，缺少企业的赞助和扶持，自身可使用的资金比较少，沙滩排球赛事经费来源不稳定，成本高，且赛事数量不多，奖金额度不高，对训练的促进作用欠缺，虽然每年也会举行几站巡回赛，但比赛获胜者得到的奖金相对较少。除此之外，沙滩排球作为一项竞赛项目，在我国的各区域发展严重失衡，东、南部地区沙滩排球运动的发展较快，水平较高，而西北地区的发展较为落后，这也阻碍了我国沙排的发展。

PART 4 竞赛规则

排球竞赛规则

比赛方法

排球运动是由两支人数相等的球队，在被球网隔开的两个均等的场区内，根据规则规定，以身体任何部位将球从过网区击入对方场区，而不使其在本方场区落地，集体的、攻防对抗的体育项目。

排球比赛的形式是多种多样的，其基本方法是由后排右边队员在发球区内发球开始的，每方最多击球3次就要使球过网，1名队员不得连续击球两次。

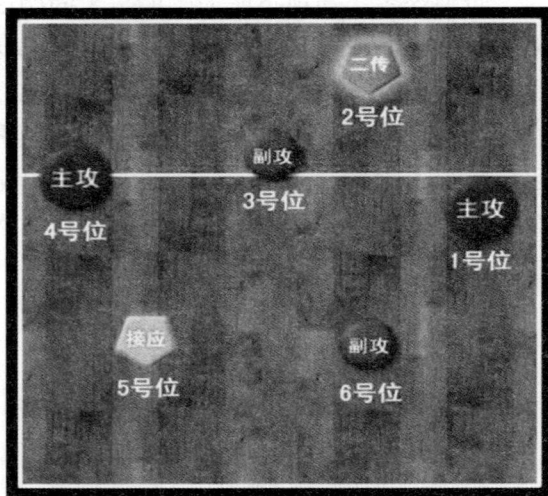

排球站位图

比赛不间断地进行，直至球落地或犯规。

场上6名队员分前后排站位，前排3人，后排3人。发球队胜一球后，由该发球队员继续发球。接发球队胜利一球后，全队6名队员按顺时针方向轮转一个位置，由轮换到后排右边的队员发球。发球队胜一球得一分，接发球队胜一球获得发球权的同时也得一分。

正式比赛采用 5 局 3 胜制，即最多打 5 局，先胜 3 局的队则取得一场比赛的胜利。1～4 局采用 25 分制，即先得 25 分并超出对方 2 分为胜；第 5 局采用 15 分制，即先得 15 分并超出对方 2 分为胜。各局均无最高分限制。

主要规则及裁判方法

（一）胜一分、胜一局和胜一场

比赛采用每球得分制，胜一球即胜 1 分。

比赛的前 4 局以先得 25 分，并超出对方 2 分的为胜一局。当比分为 24：24 时，比赛继续进行至某队领先 2 分为胜一局（如 26：24，27：25）。决胜局以先得 15 分，并超出对方 2 分的队获胜。当比分为 14：14 时，比赛继续进行至某队领先 2 分为止（如 16：14，17：15）。

正式比赛采用 5 局 3 胜制，最多比赛 5 局，先胜 3 局的队为胜一场。

（二）关于后排自由防守队员（"自由人"）的规定

（1）各队登记在积分表上的 12 名队员中，可选择 1～2 名队员为"后排自由防守队员"，名字和号码填写在自由人栏中。比赛前教练员确认其中一名为该场首发后排自由防守队员。后排自由防守队员不能担任队长和场上队长。

世界大赛中每队队员可增至 14 名，但超出 12 名的队员必须是后排自由防守队员。

（2）"自由人"必须穿着与其他队员不同颜色（或不同款式）的上衣。

（3）"自由人"可以在比赛中断或裁判员鸣哨发球之前，从进攻线和端线之间的边线处自由进出，换下任一后排队员，不须经过换人过程，也不计在正常换人次数之内，其上、下次数不限，但在其上、下两次之间必须经过一次发球比赛过程。

（4）"自由人"不得发球、拦网和试图拦网。

（5）"自由人"在任何区域（包括比赛场区和无障碍区）都不得将高过球网上沿的球直接击入对区。

（6）"自由人"在前场区及前场区外无障碍区进行上手传球，当传出的球的整体高于球网上沿时，其他队员不得进行进攻性击球。当他在后场区及后场区外无障碍区上手传出的球高于球网上沿的球，其他队员可以进行进攻性击球。

（7）"自由人"受伤，经裁判员允许可由另一名替代。如果没有另一名自由人，教练员或队长可指定任何一名不在场上的队员替代。该比赛中受伤的自由人不能再次上场比赛。

非受伤情况下，教练员也可以请求用第二名"自由人"替换开始上场的首发"自由人"。同样，首发"自由人"该场比赛中不得再次上场比赛。

（三）发球犯规与判罚

1. 发球击球时的犯规

（1）发球次序错误。某队未按照积分表上所登记的发球次序发球为发球次序错误。取得发球权的球队，其6名场上队员必须按顺时针方向轮转一个位置，由轮到1号位的队员发球。记录员在比赛中负责对每一发球轮次进行核对，发现发球次序错误，立即示意（用铃或笛），及时报告第二裁判员，再由第二裁判员通知第一裁判员，最后由第一裁判员做出判罚及处理。

发球次序错误的处理：队员恢复到正确位置。

如果在发球次序错误中未造成得分则判失1分。

记录员必须准确地确定发球的次序错误从何时发生，从而取消其发球次序错误过程中所得的所有分数（对方得分仍然有效），判罚失1分。

如已得分，而又不能确定其发球次序错误从何时发生，则仅给予失1分的判罚。

（2）发球区外发球。发球队员在发球时不受位置错误的限制，但队员发球击球时或跳发球起跳时，踏及场区或发球区外地面为发球区外发球犯规。跳发球队员击球前允许在发球区外助跑，但在起跳时必须在发球区内。击球后发球队员可以踏及场内或发球区外。

发球区外发球犯规由第一裁判或负责端线的司线员判定。判犯规队失1分。

当发球队员选择在发球区左侧发球时（特别是跳发球），1和3号司线员应后退让出位置。

（3）发球击球时球未抛起或持球手未撤离。判断时主要看清击球时球是否清楚地离手，由第一裁判员判定。判犯规队失1分。

（4）发球8秒。第一裁判鸣哨发球后8秒内，发球队员未将球击出，为发球8秒犯规。第一裁判在鸣哨允许发球后应默数，计算8秒（目前我国的联赛仍执行原规则发球5秒犯规的规定）。

发球8秒犯规由第一裁判员负责判定，判犯规队失1分，换由对方发球。

2. 发球击球后的犯规

（1）发出的球触及发球队队员或没有通过球网垂直面。由第一裁判员判定，判犯规队失1分。

（2）界外球。界外球包括：

①球的落点完全在场区界线以外的地面上。

②球触及场外物体、天花板或非比赛成员等。

③球触及标志杆、网绳、网柱或球网标志杆以外部分。

④发球时或进入对方场区时，球的整体或部分从过网区以外过网。

界外球由第一、第二裁判员与司线员共同负责判定。地面上的界外球主要由司线员负责判定。由于边线和端线的宽度包括在场区内，判断地面界内外球的依据又是球的落点，在不同的角度会得到不同的视觉反映，因此司线员必须精力集中，加强预判，抢好角度，看线等球，以便做出正确的判断。

对"球的整体或部分从过网区以外完全越过球网垂直面"的判断，要求第一、第二裁判员和司线员密切配合。球在第一裁判员一侧时，第一裁判员要移动、后撤身体位置至来球一方，注意观察球的过网点。距离球飞行路线最近的司线员也应注意判断。球在第二裁判员一侧时，第二裁判员应跑到球飞向一方场区的进攻线附近，面向标志杆，注意观察球的过网点。司线员同样应协助判断。

发球出界的队判失 1 分。

（3）发球掩护。任何一名发球队的队员，以挥臂、跳跃或左右晃动等动作妨碍对方观察发球队员或球的飞行路线，而且发出的球从他的上空飞过，则构成个人掩护。发球队有两名或更多队员密集站立遮挡球的飞行路线，而且发出的球从他们的上空飞过，则构成集体掩护。

判断发球掩护的要点是发球的队是否形成屏障，并确实起到了掩护发球的作用。发球掩护犯规由第一裁判员判定，判犯规队失 1 分换由对方发球。

（四）位置错误

发球击球瞬间，双方任何一名队员不在规则规定的位置上，则构成位置错误犯规。

判断位置错误必须明确以下几点：

（1）位置错误犯规只在发球击球瞬间才有可能造成，发球击球前后两名队员可在本场区任意移动或交换位置，不受任何限制。

（2）队员的场上位置应根据脚的着地部位来确定。

（3）明确"同排"与"同列"的概念及位置关系：1，6，5 及 2，3，4 号位队员分别为同排队员。1，2 号位，3，6 号位，4，5 号位队员分别为同列队员。规则规定同排左边或右边队员的一只脚的某部分必须比同排中间队员的双脚距离同侧边线更近。同列队员中，前排队员一只脚的某部分必须比同列后排队员的双脚距离中线更近。

判断位置错误由第一、第二裁判员共同负责。第一裁判员分工负责判断发球一方队员的位置错误，第二裁判员分工负责判断接发球一方队员的位置错误。位置错误的队被判罚失 1 分，队员恢复正确位置。

当发球队员击球时的犯规与对方位置错误同时发生，则发球犯规被认为在先而被判罚。如果发球队员是击球后的犯规，则位置错误在先，判位置犯规。

（五）击球时的犯规

1. 四次击球

一个队连续触球四次（拦网一次除外）为四次击球犯规。判断时注意：不论队员主动击球还是被动触及，均算做该队员击球一次；当同队的两名（或三名）队员同时触到球时，被记做两次（或三次）击球（拦网除外）；如两人同时去击球，但只有一名队员触球，则只记一次击球。

2. 持球

规则规定：球必须击出，不得接住或抛出，击出的球可以向任何方向弹出。在判断时必须注意以下几点：

（1）必须清楚击球与持球之间的区别，击球是一个单一的动作，而持球犯规是使球停滞再将其抛出。

（2）进攻性击球时，吊球是允许的，但触球必须清晰，没有推压动作，并且不得用手改变球的方向。

（3）运动员在拦网时有推、扔、携带等动作，裁判员必须判其持球。

（4）比赛中，精彩动作和多回合的比赛是受欢迎的。因此，运动员在困难条件下进行击球，裁判员应鼓励。

（5）第一裁判一定要注意观察运动员身体与球接触时的状况，不受运动员击球前或击球后身体姿势或位置的影响。因为规则在允许上手传球的同时也允许身体任何部位击球。

3. 连击

一名队员连续击球两次或球连续触及身体的不同部位为连击犯规（拦网一次或第一次击球时除外）。在判断连击犯规时应注意以下几点：

在第一次击球时，允许身体不同部位在同一击球动作中连续触球，不判连击。第一次击球指的是：接发球，接所有从对方击过来的球，接对方拦回来的球，接触本方拦网队员后的球。

在第二、第三次击球后，仍应注意判断连击犯规。

在判断连击犯规时要排除：在拦网一个动作中，球可以迅速而连续触及一名或更多的拦网队员。拦网后，即使是拦网触过球的队员仍可再做第一次击球。

判断连击犯规也应以视觉判断为主，看清击球一瞬间是否造成连击犯规，不考虑击球前后的动作。

4. 借助击球

队员在比赛场地以内借助同伴或任何物体的支持进行击球，为借助击球犯规。判断时要注意区分：一名队员可挡住或拉住另一名即将造成犯规的同队队员（如将要触网或过中线等）；队员击球后拉住或触及网柱、挡板等也不算犯规。

上述击球时的各种犯规均由第一裁判员负责判定。当第一裁判员出现明显漏判时，第二裁判员可用手势示意，但不得鸣哨，也不得坚持自己的判断。各种击球犯规的队均失1分。

（六）队员在球网附近的犯规

1. 过网击球

过网拦网发生在对方进行进攻性击球时而在对方空间触及球或对方队员为过网击球犯规。判断进攻性过网击球犯规的依据是击球是否在对方场区空间。如果击球点尚在本方场区上空，击球后手随球过网则不判犯规。

过网击球犯规由第一裁判员负责判断，当第一裁判员有明显漏判时，第二裁判员可用手势示意，但不得鸣哨，也不得坚持自己的判断，过网击球犯规的队均失1分。

2. 过中线

比赛进行中，在不影响比赛的情况下，队员脚以上身体部位越过中线触及对方场区，都不算犯规。但整只脚越过中线并触及对方场区则判为犯规。判断时必须注意区分以下情况：如果队员一只或两只脚越过中线触及对方场区的同时，其余部分还接触中线或置于中线上空是允许的，不判为犯规。比赛中断后队员可以进入对方场区，因此必须清楚地判断先成死球还是先过中线。

过中线犯规由第二裁判员主要负责判定，发现犯规后应立即鸣哨，做出手势。第一裁判员同样有权判定，被判犯规队失1分。

3. 网下穿越进入对方空间并妨碍对方比赛

判断的要点是：网下穿越进入对方空间的队员是否妨碍了对方比赛。妨碍了则犯规，反之不犯规。该项犯规主要由第二裁判员判定，发现犯规应立即鸣哨，做出手势。第一裁判员同样有权判定，被判犯规队失1分。

4. 触网

比赛进行中，队员触及9.50米以内的球网、标志杆、标志带为触网犯规。但队员未试图进行击球的情况下偶尔触网，不判为犯规。

干扰比赛包括以下几种情况：

队员击球时触及球网上沿（7厘米的网带）或球网以上的80厘米标志杆；

"击球时"也包括有些没有触及球的击球动作；

借助球网的支持同时击球；

造成了对本方的有利；

影响了对方的击球试图。

判断触网犯规时应注意区别主动触网和被动触网，由于球被击入球网而造成球网触及队员属被动触网，不应判为触网犯规。判断时还应注意分清先成死球还是先触网。

触网犯规由第一裁判员负责观察进攻一方及双方队员网上沿有无犯规，第二裁判员负责观察拦网一方及双方队员是否干扰比赛。判犯规队失3分。

5. 网上同时击球

双方队员在网上同时击球，球落在某一方，该队还可以击球3次。球被击出某一方场外，视为对方击球出界。

双方队员在网上同时击球并造成"持球"则判双方犯规，该球重新比赛。

6. 进入对方无障碍的球

规则规定，球的整体或部分从过网区以外进入对方无障碍区，队员在不进入对方场区的情况下，将球从同侧过网区以外击回是允许的。在击球时，双方队员不得阻碍。

由第一、第二裁判员与同侧司线员共同负责判断。

（七）拦网犯规

1. 过网拦网

在对方进攻性击球前或击球时，在对方空间拦网触球为过网拦网犯规。所谓进攻性击球，是指除发球和拦网以外所有直接向对方的击球，包括扣球、吊球、第三次击球以及本队队员之间进行的有过网趋势的传球，并在球网附近没有同队队员准备击球或不可能击球时。判断过网拦网的依据是进攻队员与拦网队员接触时间的先后。

过网拦网犯规由第一裁判员负责判定。判犯规队失 1 分。

2. 后排队员拦网

后排队员靠近球网，将手伸向高于球网处阻拦对方来球，并触及球，为后排队员拦网犯规。判断后排队员拦网犯规必须同时具备 3 个条件：第一，后排队员在靠近球网处；第二，手在高于球网上沿处阻拦对方来球；第三，触及了球。

判断时应注意以下几点：

（1）当后排队员参与集体拦网时，只要具备上述 3 个条件中的第一、第二两条，虽本人未触球，但集体拦网成员中的任何一名队员触及了球，即被认为参加集体拦网的队员都触及了球，因此也应判后排队员拦网犯规。

（2）后排队员在球网附近，低于球网上沿触及了对方来球，由于缺少一个条件不能判为后排队员拦网犯规，但这次触球算该队 3 次击球中的第一次，即该队还可以击球两次。还必须注意，既然后排队员的该次触球不被认为是拦网，因此不允许该队员连续击球。

（3）最容易造成后排队员拦网犯规的是后排插上队员，因此裁判员对后排插上队员要特别注意。

后排队员拦网犯规由第一、第二裁判员共同负责判断。第二裁判员发现犯规后应立即鸣哨，做出手势。判犯规队失 1 分。

（4）自由人不允许拦网或试图拦网。

3. 拦发球

拦对方发过来的球为拦发球犯规。只要队员在球网附近，手高于球网上沿阻拦对方发过来的球，不论拦起、拦死，只要触球即为犯规。

拦发球犯规由第一裁判员负责判定。判犯规队失 1 分。

4. 从标志杆外伸入对方空间拦网并触球

由第一裁判员负责判定。判犯规队失 1 分。

（八）进攻性击球犯规

（1）后排队员在前场区内或踏及进攻线（或其延长线），击整体高于球网上沿的球，并使球的整体由过网区通过球网垂直面或触及对方拦网队员，则为后排队员进攻性击球犯规。判断后排队员进攻性击球犯规必须同时具备 3 个条件：第一，后排队员进入前场区内或踏及进攻线（或其延长线）。第二，击球时整个球体高于球网上沿。第三，完成进攻性击球，即击出的球整体由过网区经过网的垂直面或触及对方拦网队员的手。裁判员必须熟悉双方球队的阵容，对后排插上队员及善于后排进攻的队员要特别注意。

后排队员进攻性击球犯规，由第一、第二裁判员共同负责判断。第二裁判员发现犯规应立即鸣哨，并做出手势。判犯规队失 1 分。

（2）对处于前场区内对方发过来的并且整体高于球网的球，完成进攻性击球（如扣发球、吊球等）为犯规。

（3）队员在高于球网处，对同队自由人在前场区用上手传的球完成进攻性击球。

此犯规由第一裁判员负责判定。判犯规队失 1 分。

（九）不符合规定的请求暂停

1. 超过规定次数的请求暂停

规则规定：第 1～4 局，每局有两次技术暂停，各为 1 分钟，每当领先队达到 8 或 16 分时自动执行。每个比赛队每局还有两次机会请求 30 秒的普通暂停。决胜局（第五局）无技术暂停，每队在该局可请求两次 30 秒的普通暂停。如超过规定次数请求普通暂停是不符合规定的请求间断。

一般无电视转播的比赛可采用每局两次普通暂停的规定。

2. 超过规定次数请求换人

规则规定每局比赛中，每队最多允许请求 6 人次换人。一名队员上场，一名队员下场为一次换人。某队超过规定次数请求换人属不符合规定的请求间断。

3. 同一队未经比赛过程再次请求替换

规则规定在同一次请求替换时，可以换两名或更多的队员，队员应一上一下，一对对地相继进行。同一队未经比赛过程不得连续提出换人请求。如甲队请求替换后，乙队请求暂停或替换，随后甲队又再次请求替换，即为不符合规定的请求间断。

4. 无权"请求"的成员提出请求

规则规定，只有教练员和场上队长可以用相应的手势请求间断，其他成员无权提出请求。

5. 在比赛进行中或裁判鸣哨发球的同时或之后提出请求

规则规定，只有当比赛成死球时，裁判员鸣哨发球之前可以请求间断。

对以上不符合规定的请求间断，只要没有影响和延误比赛，应予以拒绝，而不进行判罚，但在同一局中不能再次提出不符合规定的请求。

为了避免不符合规定的请求间断发生，记录员在各队第二次普通暂停后，以及各队第五、第六人次换人后应及时通知裁判员，由第二裁判员通知该队教练员。不符合规定的请求由第二裁判员拒绝。

（十）延误比赛

1. 同一局中再次提出不符合规定的请求

要给予"延误警告"的判罚，第一裁判员出示黄牌。

2. 换人延误时间

准备上场的队员如果没有在换人区做好准备，则判该队延误比赛，给予"延误警告"，并不准予替换。

3. 拖延暂停时间

暂停时间到后，裁判员鸣哨继续比赛，若某队拖延时间不迅速恢复比赛，应给予"延误警告"。

4. 场上队员拖延比赛顺利进行

场上队员请求系鞋带，擦地板；场上队长向裁判员持续时间询问；队员不去发球区发球等均为拖延比赛继续进行，应给予"延误警告"。

5. 请求不合法的替换

规则规定，每局比赛中，主力队员可以换下场和再次上场，但再上场时只能换原来替换他的队员；替补队员只可以替换主力队员上场比赛一次，再由该主力队员替换他下场。凡不符合上述规定的替换为不合法替换。某队请求不合法替换，应给予"延误警告"。

"延误警告"是对全队的，同一场比赛中同队队员再次延误比赛，则给予"延误判罚"，第一裁判员出示红牌，判犯规队失1分。

（十一）例外的比赛间断

1. 队员受伤

比赛中队员受伤，裁判员应立即鸣哨中断比赛，待处理完后重新比赛。队员受伤，首先应进行合法替换，当不能进行合法替换时，允许进行特殊替换，即只要场外有队员（自由人和自由人替换下场的队员外），便允许该队员换下受伤的队员。当场外无队员时，则给予受伤队员 3 分钟恢复时间，3 分钟后如仍不能进行比赛，则宣布该队为阵容不完整，该局由对方获胜，阵容不完整的队保留已得分数。如 18：20 时，18 分的队被宣判为阵容不完整，该局的比分就为 18：25，对方获胜。一场比赛，同一队员只给予一次供恢复的时间。

2. 外因造成的比赛间断

比赛中出现任何外界干扰（如非比赛球滚入场内等）都应立即中断比赛，待处理完后重新进行。

3. 拖延比赛的间断

一次或数次间断，时间累计不超过 4 小时，并在原场地恢复比赛的处理方法：保留已结束的各局比分。间断的一局保持中断时的比分，在原队员和原场地位置的情况下继续比赛。

一次或数次间断时间累计不超过 4 小时，换场地恢复比赛的处理方法：保留已结束的各局比分。间断的一局比分取消，保留该局原来开始时的阵容和位置，重新比赛。

（十二）不良行为

球队成员对裁判员、对方队员、同队队员或观众的不良行为，根据冒犯程度可分为三类。

（1）粗鲁行为：违背道德原则和文明举止，有任何轻蔑表示。

（2）冒犯行为：诽谤、侮辱的言语或形态。

（3）侵犯行为：人身侵犯或企图侵犯，以及恐吓行为。

第二裁判员发现不良行为应及时报告第一裁判员。第一裁判员根据不良行为的程度，按判罚等级表的规定，分别给予"警告""判罚""判罚出场""取消比赛资格"等判罚。对不良行为的判罚是品德教育的手段，应严格要求。

第一次粗鲁行为判罚：出示黄牌，判该队失 1 分。判罚记录在积分表上。

判罚出场：同一队员在同一场比赛中重犯粗鲁行为，判罚出场；第一次冒犯行为，判罚出场。出示红牌，被判罚出场的队员应坐在该队判罚席上。判罚记录在积分表上。

取消比赛资格：同一队员在同一场比赛中第三次犯粗鲁行为或第二次冒犯行为，判罚取消比赛资格；队员一旦出现侵犯行为，即判罚取消比赛资格。裁判员出示红黄牌（一手持）。被判罚取消比赛资格的队员，在被判罚后的该场比赛期间，必须离开比赛控制区。该判罚记录在计分表上。

不良行为的判罚对个人为累加进行，每重复犯规应加重一级判罚。所有判罚皆为全场有效（包括延误判罚）。

对各种不良行为应由第一裁判进行判罚。如果场上队员出现不良行为，第一裁判员必须在死球时鸣哨，然后指示被判罚的运动员走近裁判椅，当运动员来到他面前，第一裁判员要用语言、手势、出示相应的红黄牌表示判罚等级。第二裁判员在弄清第一裁判员的意图后要立即指示记录员在计分表上进行登记。

场下队员出现不良行为时，第一裁判员必须鸣哨，指示场上队长到他面前，说明判罚的对象、等级。当出示红黄牌时，场上队长应通知判罚对象，判罚对象必须站起来，举手接受这个判罚。

沙滩排球竞赛规则

比赛方法

沙滩排球比赛是一项每队由 2 人组成的，两队在由网分开的沙地上进行比赛的运动。比赛的目的是将球击过球网，使其落在对方场区内，并阻止对方达到同一目的。每队可击球 3 次将球击回对方场区（包括拦网触球）。比赛是由发球队员击球，球越过球网飞向对方场区开始的。

比赛应连续进行直至球落地、出界或某一队不能合法地将球击回对方场区为止。

沙滩排球比赛采用三局两胜制，胜两局的队员赢得比赛的胜利。在沙滩排球比赛中，一个队胜 1 球可以得 1 分（每球得分制）。接发球队胜 1 球时得 1 分，同时获得发球权。每次换发球时，发球队员必须轮换。每局比赛（决胜局除外）先得 21 分并至少领先对方 2 分的队为胜。当比分为 20∶20 时，比赛继续进行至某队领先 2 分（如 22∶20，23∶21）为止。决胜局先得 15 分并至少领先对方 2 分的队获胜。

主要规则

沙滩排球规则与室内排球规则有很多相似的地方，但也有不同之处：

（1）每队只有两名运动员参赛，不能多也不能少，分别为 1 号和 2 号，因此每队的两名队员需要自始至终参加比赛，没有换人，也不允许更改运动员。国际排联正式比赛中不允许教练进行指导。

（2）队员可以站在本场区的任何位置，因此在发球时没有位置的错误。但必须依次发球，如发球次序错误，判失发球权。

（3）队员张开手用手指"吊球"，将球直接击到对方场区为犯规，但允许用手指戳或指关节击球。

（4）队员用上手传球轨迹不垂直于双肩连线完成进攻性击球为犯规。

（5）如果双方队员同时做网上击球，允许"持球"，比赛继续进行。

（6）受伤队员可以请求获得 5 分钟的受伤暂停时间，但每名队员在每场比赛中只有一次机会。

（7）每当双方比分累积达 7 分（第一、二局）、5 分（第三局）或 7 分、5 分的倍数时，双方将马上交换比赛场区。

（8）每局每队最多可请求 1 次暂停，每次暂停时间为 30 秒。第一局和第二局比赛，当双方比分累积为 21 分时，有 1 次 30 秒钟的技术暂停。

PART 5 场地设施

比赛场地

排球比赛场地

比赛场地的地面要求

排球比赛场地的地面必须平坦、水平。不得有任何能伤害队员的隐患，不得在粗糙、湿滑的场地上比赛。

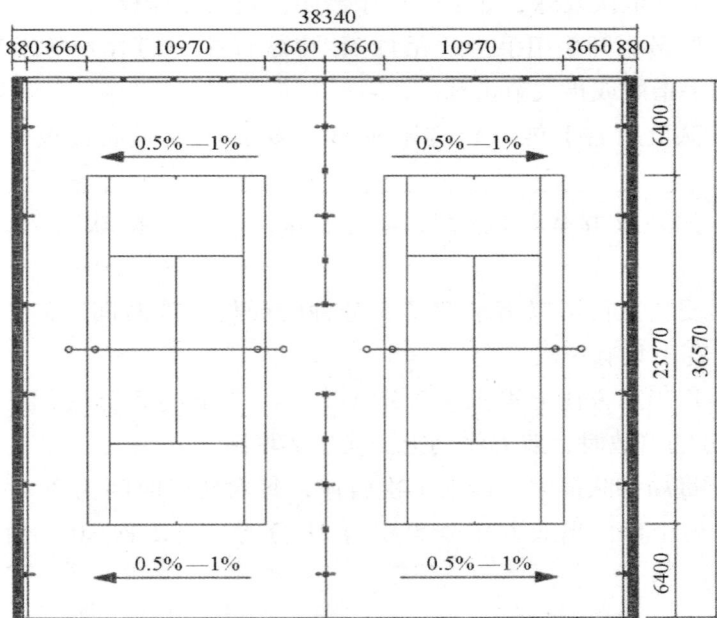

排球比赛场地

在基层比赛中，如果是水泥场地或沙土场地，应注意防止队员受伤。

正式的国际性比赛场地只能是木质或合成物质的，场地可由不同颜色构成，但场地界线均必须为白色。

比赛场地的区与区域

比赛场区是对称的长方形，包括比赛区和无障碍区。

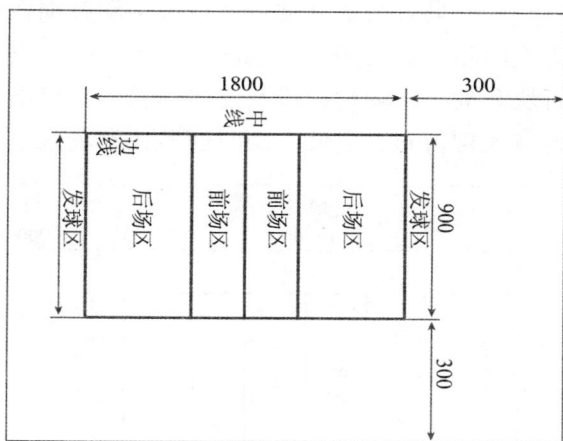

排球区域图

1. 比赛场区

比赛场区为 18 米 × 9 米的长方形。中线把它分为相等的两个场区。两条长线是边线，两条短线是端线。

所有的界线宽度均为 5 厘米，线的宽度包含在场区内。

发球区的宽度为 9 米，在两条边线后各画一条长 15 厘米，垂直并离端线 20 厘米的短线，两条短线之间的区域即为发球区。发球区的深度延至无障碍区终端。

距离中线 3 米处画一进攻线，其范围为前场区，前场区向边线外的无障碍区无限延长，进攻线和端线之间构成后场区。

2. 无障碍区

正规比赛时，比赛场区四周至少要有 3 米宽的无障碍区，从地面量起至少要有 7 米的无障碍空间。

国际比赛场地边线外的无障碍区至少宽 5 米，端线外至少宽 8 米，场地上空无障碍空间至少高 12.5 米。

沙滩排球比赛场地

比赛场地的地面要求

沙滩排球正式比赛的场地必须至少有 40 厘米深的松软细沙组成的水平场地，没有石块、贝壳类及其他可能造成运动员损伤的杂物。

国际排联正式国际比赛的场地，其沙子应该是筛选过的，不可太粗糙，也不能有石块和危险的颗粒，以及过多的粉尘和可能刺伤皮肤的隐患。此外，应备有大型苫布，以便下雨时遮盖比赛场区。

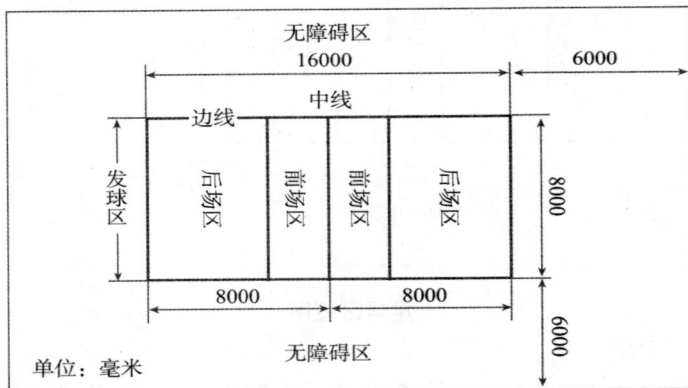

沙滩排球比赛场地

比赛场地的区与区域

比赛场区是对称的长方形，包括比赛区和无障碍区。

1. 比赛场区

比赛场区为 16 米 × 8 米的长方形。两条边线和两条端线划定了比赛场区。边线和端线都包括在比赛场区的面积之内。设有中线，所有界线宽 5~8 厘米，界线必须是与沙滩明显不同的颜色。

场区界线应由抗拉力材料的带子构成。露在地面的固定物必须是柔软和灵活的。

2. 无障碍区

正规的比赛时，比赛场区周围至少有 3 米宽的无障碍区，从地面向上至少有 7 米高的无障碍空间。

国际排联正式国际比赛，场地边线外和端线外的无障碍区至少 5 米，最多 6 米，比赛场地上空的无障碍空间至少高 12.5 米。

器　材

排球器材

球网

球网为黑色，宽 1 米，长 9.5 ~ 10 米（每边标志带外 25 ~ 50 厘米）网眼直径 10 厘米。球网上沿的全长缝有 7 厘米宽的双层白帆布带。帆布带的两端留有孔，用绳索系在网柱上使网上沿拉紧。用一根柔韧的钢丝穿过帆布带，拉紧网上沿，固定在网柱上。

球网架在中线上空，高度男子为 2.43 米，女子为 2.24 米。少年比赛网高男子

排球场全貌

一般为 2.35 米，女子为 2.15 米。球网的高度应从场地中间丈量，球网两端（边线上空）的高度必须相等，并不得超过规定网高 2 厘米。

网柱

应为两根高 2.55 米的光滑圆柱，网柱应固定在边线外 0.5 ~ 1 米处，禁止用拉链固定，以免发生危险。

标志杆

标志杆是两根有韧性的杆子，长 1.8 米，直径 0.01 米。由玻璃纤维或类似材料制成。两根标志杆分别设置在标志带外沿球网的不同侧面。

标志杆高出球网 80 厘米，高出部分每 10 厘米有红、白相间的颜色区分。标志杆被认为是球网的一部分，并视为过球网的边界。

球 网

标志杆 1.80米 　直径10毫米

1米（±3厘米）

标志带 1米

男子 2.43米

女子 2.24米

8.50米　　5~8厘米

网眼直径 10厘米

球

圆周 65~67厘米
重量 260~280克

颜色 黄色 白色 橙色 粉红

场地

无障碍空间 高12.5米以上

宽5~6米

无障碍区

比赛场区

8米　16米

沙滩深 40厘米以上

沙滩排球场地

标志带

标志带是两条宽 5 厘米，长 1 米的白色带子，分别系在球网的两端，垂直于边线，标志带属于网的一部分。

比赛用球

1. 标准性

比赛球由柔软皮革或合成革制成外壳，内装橡皮或类似质料制成的球胆，颜色可以是浅色或多色球，正式国际比赛使用的合成革和彩色球必须符合 FIVB 标准：圆周为 65 ~ 67 厘米，重量为 260 ~ 280 克，气压为 0. 30 ~ 0. 325 千克/平方厘米。

2. 统一性

在一次比赛中所用的球，其特性，包括圆周、重量、气压、牌号及颜色等都必须是统一标准的。在国际排联世界性比赛、国家联赛和锦标赛所用的球必须是国际排联批准的，或经过 FIVB 特许。

排球比赛用球

3. 三球制

国际排联世界性比赛应采用三球制。设 6 名捡球员，无障碍区的四个角落各一人，第一、二裁判后面各一人。

比赛服饰

在排球比赛中，队员都穿着统一服装，包括有号码的运动衫、短裤和运动鞋。运动衫的编号为 1 ~ 18 的唯一号码，背后的数字要求高 20 厘米，胸前的数字要求高 15 厘米。

排球比赛需要大量的起跳、落地和快速移动，因此，运动员的鞋应具有良好的防滑性和减震性。另外还要求鞋子的轻便性，良好的透气性以及速干性。

裁判台

裁判台是一个长约 80 厘米、宽约 70 厘米，调节范围在 1. 10 ~ 1. 20

米之间，可站立、可坐的升降台。裁判台的前面应制成弧形，并包有护套，以防止运动员受伤。

裁判员在执行任务时，应根据自己的身高调节裁判台的高度，一般使裁判员的水平视线高出球网上沿50厘米左右为宜。

其他附件设备

一切附加设备都必须符合国际排联的规定。

1. 球队用的长椅：长度至少应能坐9人；

2. 记录台：一般坐两个人，一名正式记录员，一名辅助记录员。国内比赛一般只有一名记录员和一名广播员在记录台就座；

3. 量网尺：长度要在2.50米以上，并在男子网高2.43米和女子网高2.24米处画标记，同时在这两个高度上方2厘米处画上另一种标记；

4. 气压表：所有比赛用球的气压必须一致；

5. 比赛用球和球架：要求将5只比赛球放到球架上，比赛采用三球制；

6. 计分器：能显示双方的比赛分数、双方的暂停和换人次数；

7. 换人牌：为1~18号，两侧的颜色最好有区别，并用盒子装好；

8. 拖把：需要六个拖把供擦地员使用；

9. 小毛巾：至少需要10块供擦地员和捡球员使用的小毛巾，毛巾最小为4厘米见方，最大为40厘米×80厘米；

10. 气筒：球压不足时，供充气用；

11. 蜂鸣器：最好让教练员和记录员都能使用；

12. 表格：包括记录表、位置表、成绩报告单和广播员用表等。

沙滩排球器材

球网

球网设在场地中央中心线的垂直上空，拉紧时长8.5米，宽1米（上下加减3厘米）。球网网孔为10厘米见方。球网上、下沿的全长各缝有5~8厘米的双轨帆布带，最好是蓝色或鲜明的颜色。上沿帆布带的两端留有小孔，用绳索穿过小孔系在网柱上拉紧。用一根柔韧的钢丝贯穿上沿的帆布带，用一绳索贯穿下沿的帆布带，使它们与网柱固定，以将球网拉紧。允许在水平帆布带上设置广告。

球网的高度，男子为 2.43 米，女子为 2.24 米。此外，网的高度可以根据不同的年龄有所区别。

网柱

支架球网的两根网柱必须为高 2.55 米的光滑圆柱，最好能够调节高度。网柱固定在两条边线外 0.7 ~ 1 米的地方。禁止用拉链固定网柱。一切危险设施或障碍物都必须排除。球柱必须用保护垫包裹起来。

沙滩排球

标志杆

标志杆是有韧性的两根杆子，长 1.80 米，直径 0.01 米，由玻璃纤维或类似质料制成。标志杆分别设置在标志带的外沿，球网的不同侧面。

标志杆高出球网 80 厘米。高出的部分每 10 厘米应涂有明显对比的颜色，最好为红白相间。

标志杆视为球网的一部分，并视为过网区的界限。

标志带

两条宽 5 ~ 8 厘米（与边线同宽），长 1 米的彩色带子为标志带，分别设在球网两端，垂直于边线。标志带是球网的一部分，允许设置标高。

比赛用球

1. 标准性

球必须是由 12 或 18 块柔软和防水的皮革制成，以适合室外的比赛条件，即使在下雨的时候

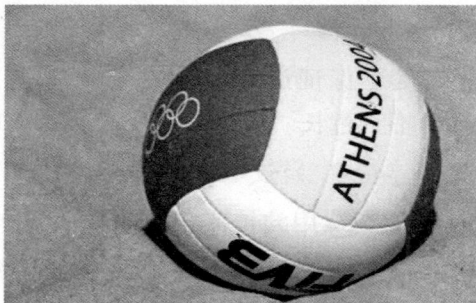

沙滩排球比赛用球

也能进行比赛。球的颜色为浅黄色或其他颜色，如橙色、粉色、白色等。球的圆周为 65 ~ 67 厘米，重量为 260 ~ 280 克，气压为 0.175 ~ 0.225 千克/平方厘米。

2. 统一性

在一次比赛中所用的球，其特性，包括颜色、圆周、重量、内压、牌号等都必须是统一的。国际排联正式比赛必须使用经国际排联批准的球。

3. 三球制

国际排联正式国际比赛实行三球制。设六名捡球员，无障碍区的四个角落各有一人，第一、二裁判员后面各有一人。

比赛服饰

沙滩排球运动中，运动员要穿短裤或者泳装，也可以穿紧身运动衣，但巡回赛则另有规定，运动员可以戴帽子。沙滩排球运动员要赤脚参赛，但经裁判允许时，也可以穿鞋。运动员禁止穿着或佩带任何可能导致损伤或影响公平竞赛的物品。

参赛运动员在场上比赛前应注意保暖，可以穿着宽松的运动外套。

沙滩运动员比赛服饰

裁判台

为了保证运动员的安全，裁判台不宜过长。应可以在 1.10 ~ 1.30 米高度之间升降。

其他附加设备

1. 球队用的长椅：长度至少应能坐 9 人；

2. 记录台：一般坐两个人，一名正式记录员，一名辅助记录员。国内比赛一般只有一名记录员和一名广播员在记录台就座；

3. 量网尺：长度要在 2.50 米以上，并在男子网高 2.43 米和女子网高 2.24 米处画标记，同时在这两个高度上方 2 厘米处画上另一种标记；

4. 气压表：所有比赛用球的气压必须一致；

5. 比赛用球和球架：要求将 5 只比赛球放到球架上，比赛采用三球制；

6. 计分器：能显示双方的比赛分数、双方的暂停和换人次数；

7. 换人牌：为 1～18 号，两侧的颜色最好有区别，并用盒子装好；

8. 太阳伞：沙滩排球是在露天的沙滩上举行的，所以要备有太阳伞，供运动员暂停，局间休息及裁判员、记录员使用；

9. 水源：在比赛场地附近应有水源，便于在比赛间隙向场地上洒水降温；

10. 气筒：球压不足时，供充气用；

11. 蜂鸣器：最好让教练员和记录员都能使用；

12. 表格：包括记录表、位置表、成绩报告单和广播员用表等。

PART 6 项目术语

隐蔽站立

是接发球时插上战术的一种变化。即在规则允许的范围内，利用同排同列队员的位置关系，将前排主攻手隐蔽在后排的位置上，为的是迷惑对方拦网，出其不意地袭击对方，达到突然进攻的目的。

插上二传

后排队员插上到前排组织进攻。

时间差

打快球队员，佯作扣快球的起跳姿势，但并不跳离地面，等对方拦网队员受骗跳起下落时，扣球队员再迅速起跳扣半快球。这种打法，主要是利用对方拦网时间的误差，来达到突破对方拦网的目的。

位置差

扣球队员佯作起跳姿势，使对方拦网队员误认为拟打快球而跳起拦网，这时再突然向侧方跨跳 1 步，在无人拦网的空档跃起扣球。

背飞

扣球手佯扣近体前后快球，突然冲跳至二传手背后打小弧度球。

重叠（梯次）

两名扣球队员，一前一后扣快球或半高球，形成 2 打 1，给对方拦网造成困难。

重叠拦网

拦网时，两名队员一前一后的呈重叠状地取位，前面队员定位，后面队员则相应地向右前方或左前方跨步跳起拦网，并在判断正确的基础上，尽力组成双人配合拦网。

夹塞

扣短平快球的队员作佯攻掩护，另一队员从中间直插切进跳起扣半高球；两快一跑动。前排两个队员同时进行快球掩护，另一名队员向2号、3号或4号位进行跑动扣球。在扣球点上造成2打1（以多打少）的局面，突破对方拦网。

围绕

3号位队员绕到2号位队员身后，或2号位队员绕到3号位队员身前的行动。

近体快球

靠近二传队员扣快球。

交叉进攻

"交叉"是指两名前排队员交叉跑动的行动。"交叉进攻"是快球掩护的战术变化，常用的有"前交叉"、"后交叉"等掩护进攻战术。

立体进攻

是指利用本方球场的整个空间组织前后排队员联合进攻。它不仅可以由后排队员从限制线外起跳进行扣球，还可以组织近网掩护的纵深战术进攻，使前后排的进攻灵活交替运用。

二传手

也称"托手"。排球运动比赛队员的职责分工。指接对方来球后专门担任第二次传球组织进攻的队员。是场上组织进攻、实施战术的组织者。要求除有娴熟的二传技术外，还善于随机应变，团结队友，发挥全体队员的特点以及组织本队的进攻力量，应意志坚强、头脑冷静、视野宽广和具有很强的战术意识以及贯彻作战意图的决心。通常每队配备一至二名二传手。

主攻手

指场上的主要攻击手，防守反击中的主要得分队员。一般站在4号位或换位到4号位。要求队员身材高大，弹跳力强，拥有强劲的扣杀力，擅长强攻，善于突破对方的防御，精于扣调整球和各种战术球。

副攻手

指在进攻中站在 3 号位的队员。要求队员身材高大，具有较强的冲跳弹跳力和变向跑位能力。以快攻为主，并以快攻掩护队友组成各种快速多变进攻战术；防守时善于拦截和配合两侧队友拦网，以阻遏对方的各种快攻战术。

自由人

防守反击中的后排专职防守队员。根据战机的需要和防守的要求，无须请求裁判员的许可，即可随时自由地取代后排中的任一队员出场参赛。要求队员身材较为矮小、灵活、快速，应变能力强，掌握出色的防守技术和具备良好的心理素质。着装的颜色必须有别于其他队员，以便辨认。

准备姿势

排球运动技术名词。是各项技术的基础。为了及时起动、快速移动，以便在合理位置上完成各项技术动作，达到战术目的，要求思想高度集中，身体处于最合适的移动和防守状态之中。正确的准备姿势按其身体重心高低可分稍蹲、中蹲和低蹲等三种。其中半蹲运用最多。其动作为：两脚开立，距离比肩稍宽（女子比男子更宽），两脚尖适当内扣，脚后跟抬起，膝关节弯曲，大小腿之间的成 90 度，上体前倾，重心着力点在前脚掌拇指根部，两肩前探超出膝关节，两臂自然弯曲置于胸腹之间，抬头看球，随时准备移动。稍蹲和低蹲与半蹲基本相同，只是两膝与躯干弯曲程度大于或小于半蹲。

移动

排球运动技术名词。是接（或击）好来球的重要条件之一。无论是第一传、第二传或后排防守、拦网和扣球，均要求面对来球，使球保持在身体前方适当的位置进行接球或击球，故必须尽快移动，取得击球的合理位置。由于来球的方向千变万化，速度、力量、弧度和落点都不固定，故有向前、向后、向左、向右的移动和并步、滑步、跨步、交叉步和跑步等方法。

发球

排球运动技术名词。基本技术之一。指队员站在端线之后，用手抛球后将球击入对方场内。是比赛开始第一个技术动作和一项先发制人的进攻技术。攻击性发球可以直接得分，还可以破坏对方的一传与进攻，动摇对方的士气，为本队拦网、防守创造有利条件。

飘球

排球运动发球的一种。因球发出后飘晃行进，故名。

上手飘球

排球运动发球的一种。发球时身体正面对网站立，上手击球，用力突然，并充分利用转体、收腹、挥臂的力量，使球在不旋转的情况下飞行，产生不规则的飘晃。具有较强的攻击性。对运动员的力量素质及挥臂速度要求较高。

勾手飘球

排球运动发球的一种。发球时侧对网站立，以勾手动作突然用力击球，同时利用身体伸展和转体力量，使球在不旋转的情况下飞行，产生不规则的飘晃。具有较强的攻击性。对击球的准确性要求较高。由日本女排首创。

跳发球

排球运动发球的一种。因采用跳起后在空中发球而得名。要求发球时充分伸展身体，提高击球点，并利用起跳的冲力，使球的飞行速度更快，力量更大，具有很强的攻击性，技术难度大，对身体素质要求较高。

高吊发球

排球运动发球的一种。以手的虎口猛力撞击球体下部，使球高吊球场上空然后下落。发球者往往同时使球强烈旋转，形成弧度高，旋转力强，下降速度快，致落点不易判断，给对方造成较大的心理威胁，能破坏接发球的一传到位率，有较大的攻击性。特别是在有阳光和风较大的情况下，合理地运用高吊发球，效果更好。

下手发球

排球运动发球的一种。发球时，手臂由下向前上方摆动，并利用身体的转动将球击出。按其动作，可分为正面下手发球和侧面下手发球。发出的球速度慢、力量小，攻击性差，适合于初学者。

垫球

排球运动技术名词，基本技术之一，是用于接发球、接扣球、接吊球、接拦回球和处理各种难球的主要方法，也是保证本方进攻的基础。垫球时，必须有正确的准备姿势，合理的击球手型，准确的击球动作和合理的击球部位以及调整手臂与地面的适宜用力角度，才能取得良好的垫球效果。按动作方法，可分正垫、背垫、半跪垫球、前扑垫球、肘滑垫球、滚翻垫球、鱼跃垫球、侧卧垫球、单臂滑行铲球、单手垫球、挡球等十多种。

正垫

排球运动垫球的一种，指正面双手垫球技术。正垫容易对准来球，两臂容易保持平面，控制面积大，起球效果好，可减少"持球"现象，在比赛中运用最为普遍。基本动作是：两臂自然伸直相靠，两手相夹，虎口向上，使手腕和前臂形成一个平面；垫击时伸臂插到球下，利用蹬地、提臂抬肩和身体协调力量将球垫出。

单手垫球

排球运动垫球的一种，用于来球速度快、弧度低、距离远时。也可降低身体重心与滚翻、前扑、鱼跃等动作结合进行。当球在体前或体侧时，一脚迅速向前或向侧跨出一大步，重心向前移动，以跨出脚的同侧臂向前伸出，插入球下，用虎口或掌根或手背或前臂击球的后下部或底部。击球时，手腕顺垫向上翘起，以便使球飞起。

背垫

排球运动垫球的一种，指背向出球方向的垫球。一般在接应意外球和处理过网球时采用。

前扑垫球

排球运动垫球的一种，用于来球低而远时，扩大防守范围。

半跪垫球

排球运动垫球的一种，用于来球速度快、弧度低，落点又正对体前稍远时。动作与低姿势垫球相似，两脚间距离自然拉大，成低姿半跪姿势，手臂贴近地面置于球下，上体前倾，腰肩低压。用虎口上部或手背对准球体下部，用翘腕抖击动作将球垫起；击球后，两手撑地立起，成准备姿势。

鱼跃垫球

排球运动垫球的一种，因体态如鱼跃出水面，故名。用于来球低而远时。

前扑垫球

排球运动垫球的一种，用于来球低而远时。基本动作为：迎球跨出一大步，降低重心并落在跨出的脚上，蹬地使身体向前腾空猛烈跃出，以双手或单手的手背或虎口在空中由下向上击球后，双手先着地支撑，然后两肘缓屈以缓冲下落力量，同时抬头挺胸腹，身体呈反弓形，以胸、腹、腿依次着地。落地时，手的支撑点需在身体重心运动的轨迹上。较滚翻、侧卧等垫球技术，能救起更远更低的球。难度较大，要求较高，多为男运动员采用。

肘滑垫球

排球运动垫球的一种，用于来球低而远时。动作为：跃出击球前与鱼跃垫球相似，但必须以单手垫球；落地时，击球手外侧先着地，另一侧手支撑地面，击球手臂的肘关节和前臂着地，接着胸腹着地，顺势向前滑行。较鱼跃垫球能救起更远的球，但难度更大，只适宜在地板球场使用。

滚翻垫球

排球运动垫球的一种，用于来球低而远时。基本动作为：迎球跨出一大步，降低重心并落在跨出的脚上，胸部贴近大腿，双脚蹬地，前臂插入球下，用双手或单手垫球后，大腿（外侧）、臀部、背、肩依次着地，然后顺势低头，含胸，收腹，团身，趁势向后滚翻垫球，迅速起立。可充分利用移动速度，有效地扩大防守范围，并在滚翻垫球后保护身体和迅速转入另一个动作。

侧卧垫球

排球运动垫球的一种，用于当球下吊在身体前方或侧前方较远距离时。动作为：先向前或侧前方跨出一大步，上体前倾，击球手臂前伸到球下，利用蹬腿使身体跃起将球垫起，同时身体内转成侧卧状。击球后，团身，利用向下压腿的力量带动上体收腹站起。当垫球以至身体重心失去平衡时，可用此进行自我保护，并能有效地扩大防守范围。

单臂滑行铲球

排球运动垫球的一种，当对方轻打或吊球，而防守队员因判断不准确，无法及时跟进接球时采用。动作为：两腿用力蹬地，充分伸展身体，重心贴地前移，利用身体和手臂的长度扩大防守范围，并利用蹬地时向前滑行的惯性，使手臂前伸，手掌贴地前滑，用手背垫球的底部，靠球本身的反弹力将球垫起。这种技术只适宜在地板球场运用。

挡球

排球运动垫球的一种，用于来球较高，速度很快，不便采用传球，又来不及撤步取位采用下手垫球时。有双手挡球和单手挡球之分，采用双手挡球时，身体姿势与传球相同，重心稍后仰，两手虎口部相对交叉（交叉式），或一手半握拳另一手外包（包握式），利用球的弹力而将球接起。

传球

排球运动技术名词，基本技术之一，是组织战术的基础。9人制排球称为"托球"。6人制排球称为"二传"。当代排球运动发展趋于技术全面，快速多变，战术多样，它的作用就更为突出。种类很多，主要有正面传球、侧传、背传、跳传、晃传等。由于传球是由双手的手指手腕动作来完成的，因此，控制

传球

球的面积大，准确性高，容易掌握传球方向、速度和落点，能组织快速多变的进攻战术，达到战术目的。

正面传球

排球运动传球的一种，是接应一传或防守后把球传给扣球手的以进攻为主的技术。优点是便于控制，准确性高。基本动作为：双手相对成半球形置于脸前，一般在额前上方20厘米处。触球瞬间，手指和手腕保持一定的紧张度，以增加弹性和产生适当缓冲；同时向前上方伸臂，以指和腕的弹力为主，配合两脚蹬地和身体伸展的协调动作将球传出。

背传

排球运动传球的一种，是将球由体前传向身体背后的技术。动作为：利用蹬腿、展腹、伸臂及手指的弹力，将球向后上方传出。运用于各种战术进攻，具有较强的隐蔽性，对身体的协调配合及传球的准确性要求较高。

侧传

排球运动传球的一种。身体侧对传球方向，利用蹬腿、躯干伸展及双臂侧伸力量，将球向侧上方传出。用于各种战术进攻，具有较强的隐蔽性，对身体的协调配合及传球的准确性要求较高。

跳传

排球运动传球的一种。以双脚或单脚起跳，待身体上升至最高点时，利用伸臂及手指、手腕的力量将球传出。用于各种战术进攻，具有较强的攻击性和隐蔽性，对身体的协调性要求较高。

晃传

排球运动传球的一种，指前排的二传手在网边起跳作扣球假动作而虚晃一枪后，将球转传给其他同伴进攻，故名。要求二传手具有较强的扣球能力和进攻意识。有正面晃传和侧面晃传两种，是优秀二传手掌握的一种高级传球技术。

手传球

排球运动传球的一种。当一传高而冲网，无法双手传球时运用。动作为：以双脚或单脚起跳，待身体上升至最高点，利用手指、手腕的力将球传出，具有较强的应变性。

调整传球

排球运动传球的一种。当一传不到位时，二传手及时把球调整为高球，便于扣球队员扣杀。动作为：利用蹬地、展体伸臂及手指、手腕的协调用力将球传出。对手指、手腕及身体的协调用力要求较高。随着防反水平的提高，调整传球运用越来越多。

一传

排球运动技术名词，通常指比赛中在本方场区接对方来球的第一次击球，或本方拦网触手后的击球。可运用各种传球或垫球技术，其中以双手垫球运用最多。是一攻中的接发球和反攻中防守的重要环节，也是组成进攻战术的基础。如失误或不到位，可造成直接失分或无法实现预定的进攻战术。一传质量的好坏，是决定比赛胜负的关键性因素之一。

二传

排球运动技术名词，指一传后的第二次击球，也是给扣球进攻者传的球。因这种技术动作基本上是第二次触球时运用，故名。起组织进攻和反攻的桥梁作用。当代排球快速多变，立体综合的进攻战术，无二传的准确传递和默契配合，就无法进行任何有力的进攻。要求技术动作细腻精确。有多种方法：按出球距离和高低可分为集中、拉开、高球、快球、平快球；按赛场位置可分为前排网前传、后排插上传和后场调整传等。此词按运动的实际情况来说，并不确切，因一方第一次触球后也可传起扣球，即扣两次球。为扣球而传的球，英语作 set 或 toss，可译成托球。

垫二传

排球运动传球方法之一，指一传来球又低又远，队员来不及移动到球下传球时，应急以垫击的方法来进行二传。要求降低身体重心，手臂伸平插到球下，利用下肢和身体协调力量稳准地向上抬动。

第三传

排球运动传球方法之一，指比赛中对防守救起的球，无法组织进攻，常在第三次击球时，被动地将球推传向对方场区的空档或防守差的队员。要求利用手指手腕的张力和伸臂压腕动作以提高传球的攻击性。

扣球

排球运动技术名词。基本技术之一，由运动员通过合理的助跑起跳在空中快速挥臂击球而完成。是进攻中积极有效的方法及得分的主要手段，也是衡量一个球队的进攻实力和比赛中夺取胜利的重要

扣球

因素之一。其攻击性和威力表现在：高度、力量、速度变化、技巧、突然性以及各种假动作和佯攻等方面。基本动作包括判断、助跑、起跳、击球和落地等互相紧密衔接的五个部分。有正面扣球和勾手扣球等多种扣球技术动作。

正面扣球

排球运动扣球的一种，是扣球中最主要的方法。由于面对球网，便于观察和对球的控制，因此准确性大，可根据对方的拦网情况而变化各种路线。能适应扣近网、集中和拉开各种不同的传球，并能演变出快球、平快球等扣球技术。根据动作特点，有正面屈体扣球、小抡臂扣球及转体、转腕等各种变化的扣球。正面屈体扣球动作比较简单，容易掌握，能充分利用收腹和挥臂动作来加大扣球力量。动作为：起跳后，先挺胸抬头展腹，手臂屈肘向后上方抬起，身体呈反弓形；利用收腹、转体收胸动作发力，带动前臂上甩击球，挥动要有提肩抬肘动作，前臂成弧形快速向前上方抽甩，在肩上方最高点击球。手触球时，用全掌包住球的后上方，使球上旋，急速离手落入对方场区。

小抡臂扣球

排球运动正面扣球的一种。击球时，以肩关节为轴心，小臂由后下方向前上方做回旋挥臂，利用手臂挥动速度将球击出。有较强的攻击性，对肩关节的灵活性要求较高。

转体扣球

排球运动正面扣球的一种。击球前，突然改变身体原来的方向，并随之变化扣球路线，造成突然性，以便突破对方拦网。一般在3号位运用较多，2、4号位也可运用。技术动作和正面扣球大致相近，只是起跳后使球保持在头部偏左的前上方。在击球前的瞬间，利用腰部及全身力量迅速扭转身体的方向，带动上体和手臂向左转动，以全掌击球的右后上方。为了迷惑对方拦网者，使之对阻拦方向产生错觉，注意不要过早暴露转体变线的意图。

转腕扣球

排球运动正面扣球的一种，以突然改变扣球路线，达到战术进攻的目的。扣球时，保持正面扣球的动作，但在击球的瞬间，右肩上提并稍向右转，以肘关节为轴，前臂向外转，甩腕猛击，以全掌击球体的左侧上方，使球避开拦网手而落入对方场区。也可向另一侧方向转腕。

打手出界扣球

排球运动扣球的一种，是使扣球触及拦网者之手后飞向场外，造成对方防守失误的一种扣球技术。一般在二传近网或落点在标志杆附近时运用较多。运用时，预先隐蔽自己意图，在空中看准拦网手之后，用转体或转腕动作，猛击球的左或右后方，使球从2号位或4号位队员触手出界。也可平击或往高远打，使球触到拦网者的手指向后场飞出，达到打手出界的目的。

超手扣球

排球运动扣球的一种，亦为个人战术之一。扣球队员将球从拦网者手的上空击入对方场区。因扣球点超过了拦网者的手，故名。是突破拦网的最有效的手段。要求二传球较近网，弧度较高，扣球队员则充分利用身高和弹跳高度，保持最高点击球。为了超越拦网者的手，一般宜扣长线球。

后排扣球

排球运动扣球的一种。传球远网，弧度较高，扣球队员在"进攻线"后起跳，充分伸展身体，利用起跳的冲力，加大扣球速度和力量，具有攻击面广、力量大等特点。要求有较强的腰腹力量和较高的弹跳力，灵活掌握一步或多步前冲式助跑起跳和原地起跳技术，同时加强手腕对球的控制能力。因其技术难度大，对身体素质要求较高，多为男运动员运用。

轻打

排球运动扣球的一种。先做大力扣球的假动作，而在击球的瞬间，突然减低手臂挥动的速度，把球轻轻地击入对方空档。要求逼真地按重扣的样子助跑起跳，以迷惑对方。击球时，保持好击球点，手掌包住球，用轻轻推压的动作，使球越过拦网手落在对方场内的空档中。

勾手扣球

排球运动扣球的一种，是起跳后侧对球网，运用勾手动作挥臂击球的一种扣球。能适应运网球及后排传来的调整球以改变击球时间和路线，增加击球点，扩大进攻面，并能弥补助跑过早冲到球前的缺点，是一种行之有效的扣球技术。动作为（以右手扣球者为例）：助跑的最后一步使左肩转向球网，起跳后上体稍后仰，向右扭转，击球臂上提至体侧，击球时像勾手大力发球一样以迅速转体收腹来带动手臂从体侧向前上方快速挥动，手臂充分伸直，在最高点全掌击球，触球时手腕用力勾住球向下甩。由于该技术对身体素质的要求较高，变化较少，动作较复杂，故采用较少。

单脚起跳扣球

排球运动扣球的一种，指扣球时利用单脚蹬地发力起跳。一般在二传落点较集中，扣球者不及双脚起跳时采用。单脚起跳的前冲力大，能提高击球点，扣球有力。但由于起跳时缺乏制动力量，跳起后前冲力大，容易冲撞触网，同时助跑距离长，角度小，难于控制起跳时间。随着排球技术、战术不断提高，单脚起跳扣球技术的运用正逐渐增多。

快球

也称"快板球"，排球运动扣球的一种。二传队员将球传出或传出前，扣球队员已跳在空中等球；当球传到合适的击球点时，扣球队员以极快的速度挥臂击球。特点是：速度快、变化多，牵制力强，命中率高，实效好。有时利用快球佯攻，有利于争取时间、空间和组织快变战术，以达到突然袭击的目的。扣快球主要运用正面扣球技术，也可运用勾手扣球技术。可分为近体快、短平快、平拉快、背快等，为中国运动员首创。

背平快

俗称"背溜"，排球运动快球的一种。指扣球队员扣二传手背传的短平快球。

短平快

排球运动快球的一种，一般指二传手正面传出速度快、弧度平的球的同时，扣球手在距其2米左右处跳起，挥臂截击二传手平拉过来的球。可根据战术需要，利用球网位置，提前或错后击球。这类扣球由于速度快、弧度平、空中击球点多，故威力很强，并可用以掩护而组成多种集体进攻战术。

近体快

排球运动快球的一种，指在接近二传手体前或体侧扣厘米范围内所扣的快球。它节奏快，威力大，具有良好的掩护作用。高水平的近体快球，必须在二传手出球之前的瞬间起跳，在空中捕球扣杀。目的不仅为了实扣，更多场合也用于掩护队友进攻，以组织灵活多变的集体战术。

后排快

排球运动快球的一种，指运动员后排起跳扣快球的方法。扣球技术与快球基本相同。由于离网较远，要求判断准确，起跳及时，利用起跳的前冲力，加快击球速度。由于技术难度大，对身体素质要求较高，男运动员运用较多。

背快

排球运动快球的一种。扣球队员在二传手背后，扣二传手背传的近体快球。由于二传手看不到扣球队员的动作，因此需要协同默契配合。

单脚快

排球运动快球的一种。一般在改变方向跑动或球距自己较远时运用。扣球时，采用单脚起跳加快起跳速度，充分利用起跳时的前冲力，使身体飞得更高、更远，在空中等球扣杀。多用于 2 号位进攻。

平拉快

也称"平拉开"，排球运动快球的一种。指扣球队员在边线处起跳，截扣二传手快速平传到网边标志杆内的球。扣球时，必须迎截来球的飞行路线，故扣球队员常外绕约 30 度弧形助跑起跳。特点是能充分利用球网全长，以争取有利的进攻时间和有效空间，从二传手出球到扣球之间的时间一般在 1 秒钟之内，系 20 世纪 60 年代初期由中国运动员所创。

二点五

也称"半快球"，排球运动快球的一种。指二传手传出的球高出网口两个半球高度的快球。助跑角度和击球动作与近体快球相同，只是起跳时间稍晚，一般与二传手出球的同时或稍晚些起跳。这类快球有一定的突然性，可与交叉进攻和梯次进攻配合使用。

吊球

排球运动技术名词，扣球的一种变化。是一种辅助性的进攻手段。因队员进攻时，利用紧张的手指轻击球体，使球越过球网落入对方场区的空档，故名。

并吊球

排球运动技术名词，在二传近网可能被拦或被盖帽的情况下运用。队员用单手吊球的手法，猛力将球向前推压到拦网队员的手上，造成扣、拦双方在网上"并住"球后，继续把球推过去，迫使拦网队员触手出界或球在网与拦网队员间落下。

反吊球

排球运动技术名词。攻方扣球队员改为吊球时，守方拦网队员突然反吊回去。动作要求为：双臂或单臂在空中有一个小而迅速的屈伸动作，发现对方吊球后，立刻屈肘并向后翻腕，然后迅速伸臂屈腕，用手指将球击入对方场区。拦网队员需在合适的时间起跳,才能既起到拦网作用,又有可能反吊球。此外还必须在对方吊球不高时才能进行。

探头球

排球运动扣球的一种。当对方来球在网上探头过来时,直接在网上即以扣球击回对方。因形似刚一探头就被扣下,故名。这类扣球速度快,落点近,突然性大,常使对方不及设防,所以成功率极高。扣球队员必须反应灵敏,判断准确,手法稳准,击球适时。如球尚未过网就扣,则为"过网击球"犯规;如过迟击球,则击球点偏后,会削弱攻击力或造成失误。

空间差

排球运动扣球的一种,是借助助跑起跳空间上的误差来迷惑对方的一种技术战术,亦为扣球个人战术之一。扣球队员利用起跳后,身体在空中移动的幅度,来避开对方的拦网,达到空档进攻的目的。由于利用了起跳点和实扣点在空间上的差距,故名。又因在起跳后于空中有一段"滑动"距离,形似"空中飞人",故又简称为"飞";还因扣球要采取冲跳,故又有"冲扣"、"追扣"、"飘快"等称谓。按其完整的含义,则可称为"空中移位进攻"。特点是:进攻面宽,突然性大,容易摆脱对方的拦网。要求扣球队员具备良好的弹跳力和快速助跑的冲跳力,较长的腾空时间和相当强的空中平衡能力,并与二传手密切配合。可分为前飞、背飞、拉三、拉四等,是中国运动员的创新动作。

拉三

排球运动空间差的一种。队员在近体快起跳点上起跳,似扣近体快而实向左前方冲跳,空中移位,"飞"到3号位扣二传手传出的短平快。也有扣近体快球时,二传手传出3号位偏向2号位的球,传至扣球手左肩的前上方,后者利用转体或转腕动作扣球,则称"近体拉三快球"。两种扣球方法均以避开对方的拦网为目的,但前一种进攻面更宽,技术要求更高。

拉四

也称"短平拉四",排球运动空间差的一种。队员在扣短平快起跳点上起跳,似扣短平快而实向左侧方冲跳,空中移位,到3、4号位之间追扣二传手传向4号位的球。扣球位置一般较正常短平快向4号位方向多拉出1米左右。与前飞、背飞的顺向助跑起跳相反,进攻采用逆向起跳,即与助跑方向不一致的起跳。

前飞

排球运动空间差的一种。队员在扣短平快起跳点上起跳,佯扣短平快,突然冲跳,空中移位,接近球体,"飞"到二传手附近,扣预定近体半高球。可从3号位或4号位发动进攻,其"冲飞"的距离可达1.50米以上,很容易摆脱对方的拦网。也有后排队员利用"冲飞"技术,在后排起跳冲飞到进攻线前去扣球。

PART 7 战术技术

六人制排球战术

个人战术

个人战术是发挥队员个体能力，突出特长，补充集体战术不足的手段，它是在集体整体发挥的大前提下，展示个人魅力的闪光点。

发球个人战术

发球既可直接得分，又可破坏对方一传，为本方创造反击的机会。

1. 不同性能的发球

只要有能力和条件，就应尽量发出诸如跳发球、大力发球等强势的速度快、力量大、旋转强、弧度低的攻击性发球。飘球也是能有效破坏一传的发球，可以充分利用底线的宽度发出平冲、下沉，轻、重不同的飘球。还可用相似的动作发出不同性质的球，例如上手飘球可加力为平砍式发球，勾手飘球可以变为大力勾手发球等。

2. 控制发球的落点

将球发到对方场内的薄弱区域，例如前后排之间、两队员之间、底线附近，二传手插上时贴靠的队员、上一球未接好的队员、刚换上场的队员。总之，以破坏对方一攻的组织为目的。多观察，多拍几下球静下心来思考，都有助于成功地控制好球的落点。

3. 变化发球节奏

可以根据场上情况，突然加快发球节奏，如从发飘球变为平砍式发球，或裁判哨音刚响就快速将球发出，打乱对方接球节奏。

4. 发球的路线变化

根据对方站位，发出过网急坠的的短球，或平砍、平飘追身的直抵底线的长球。发直、斜线的球，可在底线靠近边线处发直线球和对角的斜线球，也可在底线正中向对方左右方向发斜线球。

5. 根据临场比赛的变化采取不同的发球

如本方得分困难、落后较多和遇到对方强轮等情况，可采取先发制人的攻击性发球。在本方发球连续失误或比赛关键时刻，或在对方暂停、换人后以及对方正处于进攻弱轮次，本方拦网连连得分时，应该注意发球的准确性，减少失误，抓住得分的时机。

一传个人战术

一传基本的要求是将球平稳垫起，传给二传，但具体到配合全队进攻战术时，还是有不同的要求。

1. 配合组织快攻

如果离二传手较近，可将一传球的弧度放平，速度稍快，以利提高发起快攻的节奏。

2. 配合组织两次球

一传时弧度稍高，让球垂直落向网口，以便二传手突然打出两次球。

3. 配合组织短平快球

如果由 3 号位扣球，则将一传偏向 2 号位去，如果由 4 号位队员扣球，则一传落点尽量保持在球网正中间。总之要让进攻队员与二传手之间能有一定配合距离。

4. 乱中偷袭

如果在比赛中，对方场上因防守出现混乱而漏出较大空档时，可直接将球击向该区域，而不必拘泥于 3 次击球过网。

扣球个人战术

虽然扣球是全队的战术体系完成的最后一个环节，但具体到扣球者却可以有多种变化，以突破对方的防守。

1. 扣球路线变化

正常的近网扣球，均可以打出转体、转腕、直线、斜线、小斜线等变化。

2. 扣球力量变化

扣球时可以是全力的大力扣球，也可以是减力的轻扣打点。

3. 超手和打手扣球

如果具备身高和弹跳的优势，扣球可以采用超手扣球，直接从拦网者手上扣过，突破防守，也可选择侧旋扣、平推扣等有意的打手出界战术。

4. 打吊结合

如果对方多人拦网，防守严密，可以采取打吊结合，在先前大力扣球的气势下，突然变为吊球，往往能取得奇效。

5. 时间差扣球

助跑后做起跳状，却突然制动，待对方拦网队员起跳后再起跳，则当自己扣球时拦网者已下落失防。

二传个人战术

一个好二传就是一个队的灵魂，任何战术变化，进攻节奏的控制，都出自二传手。从此意义讲，二传手的责任对于比赛可以说是"成也二传，败也二传"。

1. 传球要隐蔽

好二传在出手前是很难查其意图的，他可以用相似的动作，向不同方向传球，组织进攻。

2. 两次球技术

二传必须具备扣两次球的技术，相反亦可以扣两次球为假动作吸引对方拦网，然后突然改扣为传。

3. 控制节奏

当对方失误多出现混乱时，应加快节奏，多做快球。反之，当本方失误较多，或队员发挥失常时，应放慢节奏，稳定全队情绪，调整进攻战略。

4. 发现突破点

根据对方拦网力量的强弱，传球时尽量避开对方拦网好的区域，寻找突破口，组织攻击点。

防守个人战术

垫球防守扣球是难度最大的技术，扣来的球具有不可预知性和随机性，力量大小，角度偏正，线路长短等都会使垫球困难加大。因此防守时必须站位正确，判断准确，反应灵敏，动作勇猛，不怕摔打，奋力救球。

1. 判断进攻点和落点

正确的预判，决定了合理的取位。例如本方队员拦网时，就应站在其拦网范围之外的线路上；对方擅长扣近网球时，就要主动往上压，反之要往后退。

2. 尽量以顺手的一侧垫球

防守扣球时，应有意将自己擅长的一侧适当放宽，以便加大这一侧的防守范围。

3. 灵活性的防守

在比赛中要根据对方的特点，相应调整自己的防守策略，如果对方只扣不吊，就应适当往后站位；对方打吊结合则要灵活取位；对方只扣斜线则弃直守斜。

4. 全身并用

规则规定身体任何部分触球均有效，因此，在防守时可以手脚并用，想方设法将球救起。

拦网个人战术

拦网个人战术是通过准确的跳起时机、空中的拦网高度和拦击面、手势动作的变化等因素来实现的攻击动作。

1. 假动作

拦网队员可灵活地运用站直拦斜、站斜拦斜、正面拦侧堵及佯装拦强攻，实为拦快攻等假动作迷惑对方、提高拦网效果。

2. 变换手型

拦网队员起跳后，根据进攻队员的动作改变，拦网手型随机应变，以达到拦击对方的目的。

3. 撒手

在发现对方要打出界或平扣时，可在空中及时将手撒回，造成对方扣球出界。

4. "惦跳"拦网

身高和弹跳较好的队员为了更好地拦击对方快速多变的扣球，采用惦跳拦第一点的快攻球，再迅速起跳拦第二点的进攻。

5. 前伸拦网与直臂拦网

在拦击对方中、近网扣球时，手臂尽可能前伸接近球，封堵进攻线路。在对方远网扣球时，尽可能直臂拦网面。

6. 单脚起跳拦网

利用单脚起跳快、空中飞行距离长的优势，以弥补双脚起跳来不及拦网的问题，但要控制好空中飞拦的距离，避免冲撞本方队员。

集体战术

（一）进攻战术

1. 进攻队形

（1）传统进攻队形

进攻队形是由本方进攻队员特点基础决定的，业余队伍一般都以2名主攻、2名副攻、2名二传组成，站位也较为简单。

"中一二"站位：所谓"中一二"，就是前排中间3号位的队员为2传，2号和4号位的队员为进攻者，这种队形简单易行，一传只需将球送往前排中间，二传即可向两边传球组织进攻。

"边一二"站位：顾名思义，"边一二"站位就是将二传手位置设在场地右边，使得3号位和4号位均可组织进攻。相对"中一二"来讲，战术组织更灵活些，例如可以让3号位队员扣快球，4号位队员高举高打或打平拉开，还可让3号位队员掩护等等。

后排插上站位：如果一个队是"一五配备"（1个二传，5个攻手），那么，当二传转到后排时，即需通过插上来到前排组织进攻，这时前排可以有3人，在不同点发起进攻，战术也更丰富。当然，插上时的位置也是对方发球队员寻找的薄弱环节，应注意插上的时机和位置，以免失误。

（2）进攻队形的演变

相对较简单的"中一二""边一二"站位，进攻队形已经变得更加多样，以适应日益激烈的比赛竞争。

"中二传"队形及演变。中二传是由"中一二"阵形演变而来，因此仍是二传手在前排中的位置（可以是前排，也可以是后排队员担任），主要由2、4号位队员扣球（或后排进攻），队形相对简单，一传易到位。它的阵形演变如下：

①"小三角"站位。3号位的二传向左拉至2、4号位队员之间，1号位队员实际是后排队员，不参与进攻，只做佯攻，以迷惑对方，属隐蔽型站位。3号位的二传从左拉至右边，站在2、4号位队员之间，4号位为后排5号位队员，参与佯攻。

②换位成"中二传"。如果二传队员在4号位或2号位时，可以向中间3号位换位，变成"中二传"队形。

③插上成"中二传"。二传从后排插上到前排中间担任二传，则前排的2、3、4号位队员均可参与进攻。

"边二传"进攻队形及演变。"边二传"即是"边一二"战术的扩大化，是由前排或后排1名二传手在前排2号位当二传，其他队员进攻的队形。此站位对一传要求较高，但战术变化更灵活多变。队形如下：

①反"边二传"队形。在原来"边一二"站位基础上，4号位的二传站在网前左侧，2、3号位队员进攻（此位适合左手扣球者），4号位队员为后排队员。

②换位成"边二传"队形。由于反"边二传"对左手扣球者有利，因此可以换位成"边二传"队形。

③插上成"边二传"队形。后排队员根据需要直接插上到"边二传"位置当二传，前排2、3、4号队员均可进攻。

2. 进攻方法

进攻是由二传手与扣球手之间形成的战术配合，也是得分最主要的手段，进攻方法分为强攻、快攻、两次球及后排进攻等。

（1）强攻

强攻是主攻手的主要进攻方法，它要突破对方的拦网与防守，因此对队员的基本能力要求很高。

集中进攻。进攻队员4、2号位强攻，从4号位和2号位组织进攻比较容易，也是大多业余队员采取的进攻点。

拉开强攻。二传将球拉开传至标志杆附近，由于接近边线，可以避开对方的拦网，既能扣直线，也可扣斜线，还可打手出界。

调整进攻。当一传或防起的球不到位，球的落脚点离网较远时，由二传或其他队员，把球调整传到网前有利于扣球的位置上进行强攻的打法称为调整进攻。调整进攻扣球防守反击中运用较多，并占有比较重要的位置。调整进攻对运动员的体能要求较高，必须具备一定的弹跳高度和力量，才能有效地突破对方的拦网和防守。

后排进攻。后排队员在进攻线后起跳扣球，称为后排进攻。由于击球点离网较远，给对方拦网造成较大困难，一定意义上使得过网面加宽。这种打法也能弥补较弱轮次，更多地发挥优秀进攻队员的作用，在比赛中运用效果显而易见。后排进攻已从过去的被动式转变为主动式，并被各强队普遍采用。

（2）快攻

快攻的种类很多，前提是一传要到位，才可以打出各种快攻，如近体快、短平快、背快、背短手快、背溜、远网快、后排快、半快球、单脚快等。

除了以上几种快球外，还应了解以下几种快球形式。

"前飞"。扣手在短平快的起跳点上佯攻，在空中水平位移到二传手附近扣半高球。

"背飞"。扣手在二传体侧起跳，利用惯性，位移到二传背后扣半高球。

"拉三"。扣手在3号位扣近体快球，起跳时向左侧冲跳，空中位移追扣二传手向3号位传出的短平快球，以避开对方拦网。

"拉四"。扣手在短平快点起跳佯扣，起跳时向左侧冲跳，空中位移后追扣二传手传向3、4号位之间的拉开球。

"拉二"。扣手在扣背快点上起跳，起跳时突然向右侧冲跳，追扣二传背后的拉开球。

（二）防卫战术

1. 接发球战术

（1）接发球的站位与分工

一般站位：接发球时，以前排靠近边线的队员为基准，同列队员不要重叠站位，同排者之间适当保持距离。2、4 号位队员距边线 1 米左右。

合理分工：5 个接发球队员都应明确防守范围，以免互相推让或争抢。一般情况下，后排队员接球范围稍大些。

接发球的几个原则：

①如球发在接合部，则由一传较好者，或主动喊"我的"者去接。

②球发到快攻和主攻之间时，由主攻手去接，以便加快进攻节奏。

③球发到前后排之间，由后排队员去接。

④任何 1 人在接发球时，其他 5 人都要有意识地向其附近靠拢保护。

（2）接发球队形

一般而言，业余比赛中都采用 5 人接发球队形。

"W"形站位：业余赛大多采用此站位法，这样前后排分工明确，缺点是"接合部"较多，后排两个角也有较大空档。

"M"形站位：这种站位法实际把接球队员分成三个区域，前排区2 人接，中区 1 人接，后区 2 人接，但对发至两腰及后区的大力球、追身球等不易接。

"一"字形站位：对付诸如跳发球、大力发球、平冲飘球时，采用这种站位法使得 5 人呈一字形排开，不分前后，左右较密，互不干扰。

2. 防扣球队形

防扣球实际是由前排拦网和后排防守两部分组成的。

（1）单人拦网防守

在业余比赛中，扣球水平较一般，往往只需 1 人拦网即可，这样可增加后排防守人数。但原则是无论谁拦网，其他人一定要撤下来参与防守。

相对应者拦网：例如对方在 4 号位进攻，前方则由 2 号位队员去拦，3 号位队员后撤防吊球，4 号位队员后撤防小斜线。

固定队员拦网：例如前排就以 3 号位队员主拦，其他队员均在后排防守。

（2）双人拦网防守

"边跟进"防守：边跟进防守采用两人拦网，其余 4 人形成马蹄形的弧线防守，这种队形对防强攻有利，但对吊球防守相对弱些。例如对方从 4 号位进攻，我方 2、3 号位队员拦网，1 号位队员"边跟进"防吊球，兼防直线和打手出界球。相反如果对方从 2 号位进攻，我方则由 5 号位队员"边跟进"。边跟进防守时，如果对方吊球较少，则我方 1、5 号位队员可向后撤，以防扣球为主。

"心跟进"防守：在业余比赛中，运用"心跟进"防守较多，也有利于防吊球。如果对方从 4 号位进攻，我方 2、3 号位队员拦网，6 号位队员"心跟进"防吊球和轻打，其他队员防扣球，由于防扣球的人比"边跟进"少 1 人，所以空档相对多些。

沙滩排球战术

沙滩排球只有两名队员上场比赛，并无职责分工，技战术的运用主要体现在两个队员之间的默契配合和个人的意识行动。根据沙滩排球比赛的规律和特点，战术指导思想可以为：一是积极防守。沙滩排球上场的两名队员要全面顾及 64 平方米的防守区域，防守一定要积极主动，这样才能创造更多进攻机会或为防守反击创造更多得分条件。二是巧妙进攻。沙滩排球在进攻上要注重技巧的发挥，用中等力量打点、打线，寻找最佳扣球落点便成为常用手段，采用这种技巧性进攻，一则可以节省体力，二则还可减少失误。特别是在调整进攻或远网进攻时，更需要注重进攻的技巧性，以准确的扣球落点取得进攻的最佳效果。

发球战术

作为沙滩排球中一项重要的进攻技术，运动员都力求通过加强发球的攻击性和落点的多变来争取主动。攻击性的发球除了可以直接得分外，还能有效地破坏对方一传和预定的战术配合，从而削弱对方一攻的攻击性，减轻本方防守的压力，为反攻创造有利条件。

发球的攻击性加强与其失误率成正比，所以说发球的攻击性在很大程度上取决于对手接发球组织一攻的能力：对方一攻较弱，本方可靠防守得分时，就没有必要冒着发球失误的危险一味增加攻击性；然而，如果对方的进攻很强，本方依靠防守难以得分时，就要采用攻击性的发球，即使它的失误率较高，但从整体效果来看，仍是有利的。

沙滩排球由于是室外项目，所以在发球时应该很好地利用太阳和风向。如果太阳直射对方场地，发球的弧度可以偏高一些，迫使对方接发球时直视太阳，最好形成太阳、球和人在一条线上，造成阳光干扰。根据太阳的方位，可以选择发不同弧度的球。在太阳很高的时候，采用高抛发球是非常有效的。假如太阳在对方的背后，发长距离飘球较为有利，能使对方传球者正面对着他的同伴（接发球者）和直视太阳。假如太阳在对手的侧方，最明智的是发斜线球，使接发球者接起的球在他的同伴和太阳之间，而当他的同伴传球时不得不正对着太阳。同样，利用风向也是一门学问。尤其是逆风，应该很好利用。因为逆风时空气阻力作用在球的飞行过程中会使球体受力不均，使球的飞行路线产生不同的变化。当在逆风中进行跳发球时，风可以阻止球飞得太远而出界，而且上旋受到逆风影响，比起没有逆风的时候，球会迅速坠落而增强攻击性。不同方向的旋转球在飞行中突然受阻就会变换方向，使接发球者难以判断。若发飘球，逆风可以提高飘球的飘度甚至改变飞行路线。顺风一般是运动员不愿遇到的，由于场地的对角线最长，运动员一般采用对角线发球以延长球的落地点。顺风时可多发短球，并适当增加球过网的高度以减少失误。

另外，发球的落点和非发球队员的站位也是非常重要的。发球时，除了考虑将球发给对方哪一名队员之外，还要考虑迫使对方的进攻远离球网，因为球在长距离飞行过程中如快速旋转产生变化，一传便很难到位，长距离的垫球和传球也会使难度增大。根据实际情况，对方端线附近、场地中间位置、对方球员胸部位置的追身球，沿场地对角线的交叉发球、擦网而过的低弧线发球、贴近球网的短线轻球等都是不错的选择。非发球队员的站位也非常重要，通常是站在网前，并注意对方的直接垫球过网和一些二次球。如果发球队员的拦网能力很强，非发球队员也可以站在后场区域，而发球队员在发球后应迅速移到网前。

传球战术

一传是组织进攻的保证，是进攻得分的基础。沙滩排球两名队员都必须面对接发球的任务，对于接发球队员的站位来说，发球者的站位、习惯的发球动作和路线，采用的发球技术、发球方式和本队哪个队员接发球更有利于组织进攻等都是要考虑的。如果有风，特别对方是逆风发球时，更应当考虑到风向对球飞行的影响。

接发球站位最重要的原则就是要站在后场区，距端线2米～3米处，每个队员负责一半场地，以便队员向前方移动的可能大于向后移动，降低接发球的难度也更容易移动到位。但站位太靠后，不利于接低弧线的大力跳发球。因此，必须根据发球者的技术特点来随时调整接发球的站位。为了迷惑或诱导发球者按照自己的意愿发球，有时要故意让出大片的空地，例如移位到场地中间"暗示"对方发底线长球或移位到后场"引诱"对方发短线近网球等等，这都可能给发球者造成压力从而导致发球失误。

接发球效果好坏直接影响到二传的质量。一般来说，在左边的队员应尽量将球垫向场地中央稍微偏左的位置，离球网2～3米的距离，这有利于同伴处于理想的位置来完成二传。而在右边的队员，应尽量向其前方垫球，以便于同伴传出好球。如果接发球队员不得不移动到端线的角端垫球，对他来讲，将球垫到网前是很困难的，这时就需要二传队员主动配合，靠近同伴。这种情况就像用一根绳索将两名队员连接在一起，一传向什么方向移动，同伴必须相应地跟随。这也是沙滩排球一传策略的核心。

对于二传来讲，首先要判断好一传的落点。在同伴一传触球之前，二传队员就应该打破身体平衡，做好向球网方向移动的准备。眼睛要一直盯着球。如果同伴一传遇到问题，二传队员就不要向球网方向移动，而应主动跟进，"捕捉"球的落点，选择更简易的垫球技术完成二传。对于运用上手二传来说，由于规则限制，一般是已经移动到球的下方，并且重心稳定时可以采用。如果移动中身体重心远离球的落点，则一般不宜采用上手传球。所以技术不熟练的队员应多采用垫二传的技术组织进攻，这样可以减少无谓的传球犯规。另外，传球落点、高度和快慢等因素都要求二传队员根据实际情况做出科学的判断。

进攻战术

运用进攻战术成败的关键在于"以己之长，克彼之短"，要根据对方的防守弱点来选择最为有效的进攻手段。

1. 避开对方防守最好的队员

如果对方拦网实力很强的队员频繁进行拦网，大力扣杀很难奏效时，二传队员就应该把球传到远网处，进攻队员应多采用"搓拍"技术，以打落点为主要进攻手段；如果对方后排防守突出，进攻就应该多采用吊网前球。

2. 进攻成功率要高

选择最佳得分的进攻路线和击球手段，不需要花哨的招式，讲求实效就是最好的策略。一个队的高命中率应该依赖于队员自身的主动进攻，而不是对手的失误。应该尽早避免低命中率的进攻，例如扣球路线单一、扣球手法变化少等等，因此，学会用脑子打球是关键。

3. 运用假动作破坏对方的防守

大多数情况下，对方防守队员都能够判断出进攻者的扣球路线，因此，进攻者应该善于分析，根据防守者的动向及时改变进攻策略，例如可以假装打斜线的上步起跳动作，最终却改打直线；将重扣球临时变成轻吊球等。

4. 合理运用二次球进攻

大多数防守队员适应对方的进攻节奏是一传、二传、扣球，面对二次球进攻往往由于不习惯而缺乏准备，因此很难提前站好防守位置。所以，如果一传球较高且落点靠近网前时，就应该随机应变利用二次球进攻。然而，如果同伴的进攻比自己更有威力，有时即使是一传较高并接近球网，具备二次球进攻的条件，也要选择给同伴传球而放弃二次球进攻。但由于这种球距离太远，太靠近球网，往往需要队员在移动中完成传球，因此要特别注意避免触网和传球的"持球""连击"。

防守战术

在沙滩排球比赛中，防守指的不仅仅是基本的防守战术，例如垫球和拦网，还包括防守对方突然的一次击球过网，二次球进攻，三次球的轻拍、搓扣、吊网前球以及各种随机的进攻等，这些作为偶然发生的情况，难以形成规律性的认识，所以一定要加强防守战术的运用。

首先，要清楚进攻队员攻击路线分布的概率情况。由于绝大多数的球员习惯扣斜线球，所以，相对于防守直线进攻，防好斜线显然更为重要。这既削弱了对手斜线的攻击力，又削弱了对方全队的攻击性。

其次，要善于发现对手进攻的规律并适当调整防守策略。许多攻手在相同的情况下总会采用同样的进攻方式，例如，当遇到直线拦网时，有些攻手总是打斜线球，而有些则总是拍吊身后直线球，因此，留意观察，用心琢磨，将为防守带来很大的便利和帮助。

最后，也是最重要的，就是要坚信所有的球都是能够防起来的，并且要拿出奋不顾身的精神去拼防守，在思想上给对手的进攻施加压力。

常用战术举例

1. 接发球进攻战术

两人制沙滩排球的战术进攻，一般由一传、调整传球和扣球3个环节组成。进攻打法有强攻、两次进攻两种，但要根据对方发球的情况以及一传起球的落点加以选用。如果对方发球攻击性强，一传只能起球，无法到位，只有通过二传调整打强攻；如果对方扣球不重，一传有保证时，可组织两次球进攻，即一传直接传给同伴进攻；如对方发网前球，可组织近体快、短平快球进攻。

2. 接扣球防守反击战术

防守反击战术由4个环节组成，即拦网、后防、接应二传、反击扣球。其中拦网和后防是关键。

反击中拦网的使用主要根据对方二传的落点。如果对方的一传落点离网较远，那么对方只能组织调整远网进攻。此时，如果对方进攻者的攻击力不太强，可以放弃拦网，严防死守。这样，一则可以增加防守人数，扩大防守范围；二则可以减少由于拦网触手球的弧线改变而难以防守。拦网时，要注意两个问题：一是拦住无人防守区，使球不落在该区，而迫使对方向有人防守区扣球。二是要在时间和移动上来得及拦网，应让高大队员或拦网技术较好的队员上前拦网。拦网队员落地转身要快，并做好接应同伴垫起的球组织反击。反击时，要组织多种形式的进攻。拦网队员要加强自我保护。

防守是战术实施的第二道防线。一旦前沿拦网被对方的进攻突破，就只能通过防守来加以弥补了。防守的目的是要将对方（包括球触本方拦网人的手）的各种来球统统防起来，为组织反击创造更多的机会。只有防起更多的球，同时减少失误，才可能争取更多的得分机会。从这个意义上说，沙滩排球的防守与进攻具有同等重要的价值。那么防守应注意哪些问题呢？

拦防队员必须密切配合，相互弥补，这种配合应根据对方进攻的扣球线路而定。一般来说，防守队员的主要职责是主动防守对方扣球的次要路线，包括防对方轻扣和防触拦网者手后的球。本方拦网队员拦住了直线，防守队员应主动移动到右区防守。如拦住中区左移动扣球，防守队员应向两侧防守；防守队员还应注意防经本方拦网者手飞向场外和落到场内的近网球；防守队员向前移动防触拦网者手后落到场内的球。另外，防守时还包括拦网人的自我保护，即拦网触手后球掉入自身附近的球由拦网者自己保护。

反击扣球是处于防守情况下组织的进攻，可以分情况进行：接扣球进攻有两种情况，一是对方远网进攻，本方放弃拦网，两人居中平行防守，接对方扣球组织进攻。这种进攻两人同时负有垫、调传、扣球进攻的责任。二是本方一名队员拦网，对方进攻球触拦网手。后防起球，拦网人应及时接应二传组织反攻。如对方在中路进攻，本方防守队员要在中场防守，兼顾两侧来球，然后根据拦网的主拦路线，偏一侧取位防守；如对方的进攻点处在标志杆附近，可放弃拦直线球，而主拦斜线，后防队员可向左侧取位防守。对方在中间进攻，本方队员拦网，如果同伴防守起球落点好，或拦网队员触手后，一般还可组织自我掩护、"时间差"和"位置差"进攻；如果一传队员为右边队员，落点靠网前，左边队员接应二传还可组织前后跑动进攻。

3. 接拦回球组织进攻战术

这种战术是指本方扣球，对方将球拦回，本方将球保护起后组织再进攻。由于拦回球落点一般在拦网队员身体附近，所以另一名后防队员要及时跟进保护，防起的球要高，以便扣球后的队员接应传球组织再进攻。此外，后防队员跟进保护时，要根据本方扣球的力量、方向、路线、离网的距离等选择接拦回球的位置。如扣斜球时，拦回球的落点一般在扣球队员的右侧稍远处；反之，近网直线球被拦回的落点则有可能在扣球队员的两侧。如果远网扣球，后防队员应往拦网点移动防拦回球。

防起拦回球后组织的进攻主要有 3 种情况：第一，拦回球的情况非常复杂，无法控制起球时，主导思想是将球高垫起，两人配合调整进攻；第二，对方拦回的球反弹弧度较近网时，可组织近网或快球进攻；第三，如拦回球的反弹弧度高时，可直接传给扣球队员两次球进攻或打快攻。

排球竞赛技术

准备姿势与移动技术

准备姿势

准备姿势是排球技术的基础，它便于完成迅速移动、及时起跳、倒地等各种动作。

准备姿势动作要领：两脚左右开立，略宽于肩，一脚稍前，两脚尖适当内收，脚跟稍提起，膝关节保持一定弯曲度，上体前倾，重心靠前，膝部的垂直线应在脚尖前面，两臂放松，自然弯曲，双手置于腹前，目视来球，两脚保持静中待动的状态。

1. 半蹲准备姿势的技术

（1）下肢姿势

两下肢左右开立应比肩稍宽，一脚在前，两脚尖适当内收，脚跟稍提起，膝关节保持一定的弯曲程度。应根据每个人的下肢力量和习惯，以便于最迅速蹬地向各个方向移动为标准，也应照顾到有利于起跳、下蹲和倒地的动作完成。

（2）身体姿势

上体前倾，重心靠前，膝部的垂直线应在脚尖前面。由于比赛中向前和向斜前方移动较多，重心应落在前脚的拇指根处。

（3）手臂的位置

两臂放松，自然弯曲，双手置于腹前，这样启动时便于摆臂，也便于随时伸臂做各种击球的动作。

（4）全身动作

应适当放松，两眼注视来球，两脚始终保持微动。根据球运动的变化，随时调整身体的位置、方向和重心，使之更有利于迅速向需要的方向移动和做相应的动作。

2. 稍蹲准备姿势的技术

稍蹲准备姿势比半蹲准备姿势的身体重心稍高，技术规格相同，一般用于正面上手传球或扣球助跑。

3. 低蹲准备姿势的技术

（1）下肢姿势

双脚距离比半蹲准备姿势要大些，膝关节适当多弯曲一些，这样有利于迅速移动去接近低球和便于倒地。

（2）身体重心

一要低，二要前倾，三要保持静中动。因为后排防守的取位一般都靠后场。接前方和侧前方的低球多，所以重心低和前倾，保持静中动有利向前移动防低球和倒地。

（3）手臂的位置

要比半蹲准备姿势适当前倾和抬起，并保持在腰腹之间。这样有利于缓冲垫起扣来的重球，也便于运用挡球技术。

4. 扣球保护和防吊球准备姿势的技术

（1）下肢姿势

双脚仍然是左右分立，但两脚宽度既要适合于低蹲，又要能在低蹲姿势的情况下保持身体重心向各个方向移动的可能。膝要弯曲深蹲，使臀部较接近地面，但又不是全蹲。因为全蹲不便于向前后左右移动身体重心。

（2）身体姿势

身体重心要低，但不能前倾，上体基本直立，甚至仰起。重心要稳，才有可能向各个方向做动作，不能后倒失去平衡，否则近网下落的球和入网球等都难以接起。

（3）手臂的位置

手臂微屈，手稍过地面，以便从低处击球，因为被拦的球下落较快，从低处击球可能取得更多的时间。这种姿势对接吊球也是很适用的。

移动

排球运动具有球类运动的共同特点，来球情况千变万化，随时准备做各种不同的工作，因此必须做好准备姿势，以便应付各种情况，做好准备姿势的目的首先是为了迅速起动，快速移动去接近球，与球保持合理的相对位置，以便完成各种击球动作；同时也是为了及时起跳、倒地和做好各种击球动作。

1. 起动

起动是移动的开始，它是在准备姿势的基础上，变换身体重心的位置，破坏准备姿势的平衡，使身体向目标方向移动。

（1）身体重心变换

变换重心有三种方法，以向前移动为例：第一是前脚迅速离地，这样只有后脚一个支撑点，身体重心的投影点就落在支点的前面而失去平衡，由于重力的作用，人的身体就要前倾，身体重心也就随之前移；第二是向前抬起腿，结合上体前压，这就改变了身体姿势的结构，使身体重心前移；第三是后脚迅速后移一小步，支点后移也等于重心相对前移，同样是使支点和重心投影点的距离加大。

以上三种方法之所以能有效地帮助身体向前移动，都是因为能使重心前移并适当降低，因而蹬地的角度减小，蹬地的水平分力增加。

（2）下肢蹬地的肌肉爆发力

爆发力即运动员在短时间内能发挥出更大的力量，使身体在短时间内获得更大的加速度。但它的前提是掌握好重心倾斜角度，爆发力才具备有效的水平分力。

2. 移动步法

（1）滑步

滑步用于距离较近、弧度较高的来球。向左方移动时，左脚先向左迈一步，右脚迅速跟上，保持好准备姿势。滑步在传球、垫球、拦网时采用较多。

（2）并步

当来球距身体一步左右时可采用并步移动。采用并步移动时，可向两侧移动。往左侧移动，左脚微抬起，右脚迅速并上一步，左脚顺势再向左迈出一步，这种移动方法，有利于对准来球和保持击球时身体重心的平稳，当来球在体侧稍远，并不能接近球时，可快速连续并步，连续并步称为滑步。

（3）交叉步

当来球在体侧 3 米左右时，可采用交叉步移动。采用向左侧交叉时，上体稍向右转，左脚从右脚前面向右交叉迈出一步，然后脚再向右侧跨出一步，同时身体对准来球方向，保持击球前的姿势。

（4）跨步

其他步法来得及时就不用跨步，只有在来不及移动接低球时才用跨步。跨步必然是最后一步，跨步之后就不能再移动了。因此它也是一个制动动作。跨步不仅要步幅大，有益于制动和降低重心，还要求身体重心稳，有利于做击球动作，可以向各方向跨出。

（5）跑步

跑步是各种移动步法中最快的。任意一只脚都可以随时制动和改变方向。长短距离都可以运用，但后退跑则是移动中最慢的，当来球距离短来得及时，可以运用后退跑，因为不须转体，这样便于观察前方的情况和看球；当来球距离远或来不及时就要用转身跑步的方法。应边转身边跑，不能转身后跑。

（6）混合步

混合步要有上述四种移动步法的基础，并要求合理运用，也就是要根据场上的情况和变化，恰到好处地发挥各种步法的优点。比如球在侧面较远，可以用跑步迅速接近球，当发现完全来不及接球的时候，就改为面对击球方向的侧并步，有利于观察来球和制动，更能及时地进行调整和做有效的击球动作。

传球技术

利用全身协调力量并通过手指手腕的弹力，将球传至一定目标的击球动作称为传球，传球是排球运动中的一项重要的基本技术，是组织进攻战术的基础。自排球运动诞生以来，传球就被广泛采用。20世纪60年代以前，由于前臂垫球没有出现，传球是比赛中主要的击球技术之一，许多现在用垫球来完成的击球都要靠传球来解决。垫球出现以后，传球运用范围减少，但它在比赛中的地位仍十分重要，传球技术也随着排球技术的不断进步和战术的日趋丰富而不断发展。现代排球中除正面传外，背传、侧传、跳传、单手传及各种传快球广泛采用，使各种进攻战术丰富多彩，防不胜防。二传手被现代排球推崇为全队的核心"灵魂"。

（一）传球技术分类

1. 正面双手传球

进行正面双手传球，首先要判断来球的路线与落点，要尽快地移动到球的下面，与球保持合理的位置关系，对准传球方向做好传球前的准备姿势。当来球接近头上方时，首先做好迎球动作，双手由脸前上方主动迎球。利用蹬地，展体和伸臂迎球的动作，全身协调用力，通过手指、手腕的弹力将球传出。

（1）传球前的准备姿势

两脚开立，大约同肩宽，一脚稍前，后脚跟略提起，两膝微屈，重心落于两脚之间略偏前脚。上体稍向前倾或接近直立（但不能后仰），两肩放松，抬头注视来球。两肩屈肘举起，手的高度在脸前。两肘要自然下垂，手腕要稍向后仰，十指张开微屈成半球形。传球前的身体姿势应保持"三屈、二仰，一稳定"，三屈是指膝、髋、肘关节保持适当的弯屈度；二仰是指头要稍仰注视来球，手腕后仰对准来球；一稳定是指身体重心要稳定。

（2）击球前手型和击球时手指触球的部位

击球之前，双手手掌应略相对，置于额前，手指自然弯屈，手腕稍微后仰，以稍大于球体的半球形手型去迎击来球。当手指触球时，应在击球前手型的基础之上，以手指的不同部位触击球体。一般是以拇指的指腹或内侧（食指一侧）触及球的下部或后中部下方部位；食指和中指的全部或连同两指的根部触及球的后上方，无名指的第二、三指节和小指的第三指节触球两侧。此时的手型，两拇指应相对成接近"一"字形或"八"字形，两手之间的距离不可靠得太近，整个手型应成为半球形，掌心不触球。特别是手指与球接触时，要求以两手的拇指、食指、中指承受来球的冲力，无名指与小指触球两侧，起到调整传球方向的辅助作用。

（3）传球动作和用力方法

迎球动作：正确的迎球动作是从下肢发力开始的。首先以伸膝、展髋使身体重心上升，接着是屈踝，伸肘使两手迎向来球并在正确的击球点位置触及球。迎球动作的快慢和用力大小应与来球的情况相一致。迎球过早，下肢和手臂在接近伸直的情况下，手才开始与球接触，这样就难以运用全身协调力量来传球，而且伴送动作也将受到一定的限制；迎球过迟，则下肢和手臂还未开始伸展，对来球还没有形成足够推力的情况下击球，容易造成持球或倒轮的现象。

击球动作：在身体尚未充分伸展时，手就开始接触球，此时，身体各个关节继续伸展。这样就形成在大肌肉群和大关节用力的基础上，最后依靠全脚蹬地和手指手腕的用力将球传出去。

伴送作用：当球体离手后，两手应继续随球运动一段距离，使整个伸展动作自然结束。击球后，手腕由于用力后的惯性动作而适当随球前屈。在完成整个伸展动作后，身体重心随之下降，准备做其他的动作。

（4）击球点

在迎球动作过程中，两手应在前额的正前上方约一个球的位置击球，在这一位置上触球时，肘关节尚有一定弯屈度，便于继续伸臂用力。如果击球点太高或太低时，两臂接近伸直状态，不便于继续做推动动作来控制球；若击球点太低，在脸部以下击球时，难以运用全身协调力量，而且影响正确的击球手型。

（5）传球主要是依靠蹬地、展体、伸臂的全身协调动作所形成的推力和手指手腕的击球力量，构成一个合力作用于球体的。传球需要运用的各种力量及用力顺序如下：

下肢力量：主要由踝关节和膝关节的伸展、蹬地所产生的反作用力。这对增加传球力量的影响是较大的，尤其在做远距离传球或调整传球时表现较为明显。

腰腹力量：由展体、送髋、转体动作所组成。在一般正面传球时，腰腹力量作用不大，腰腹稍有伸展，送髋动作也比较小。但在背传，变向传球，平拉开传球中必须运用腰腹力量。

上肢力量：上肢力量是指以肩为轴，整个手臂上抬时所产生的力量，其方向一般是向上抬的力量。抬臂动作不但产生一定的力量，还能起调节用力方向的作用，在跑动中传球和击球点保持不好时使用较多。

伸肘力量：由于肘关节弯屈程度不一，工作距离可长可短，伸肘力量运用就很灵活，对控制传球力量的作用很大。特别在下肢不便用力或失去支撑的情况下，主要依靠伸肘的力量击球。

送肩力量：送肩是肩关节向前上方伸送动作所产生的力量。它主要是拉长肩关节的韧带和肌肉来配合伸肘动作，从而增长两手迎送球的距离，在远传、背传、转体传球时作用较大。

手指、手腕力量：因来球的冲力而压迫手指、手腕后倒所产生的弹力，其反弹力的大小取决于来球的速度和手指手腕的紧张程度。

用力顺序：首先是从大肌肉群开始发力，再带动和过渡到小肌肉群用力，即由伸膝、伸髋使躯干上抬，身体重心开始升高；接着再屈踝、抬臂、伸肘、送肩，在身体重心继续升高的同时两手迎向来球；在手与球即将接触前，手腕和手指开始有前屈迎球的动作，与球接触时，各大关节继续伸展，同时脚弓（趾关节）和手腕手指最后用力将球传出。在这一用力顺序中，下肢蹬地、展体、伸臂动作应贯穿整个传球动作的始终，最后通过手指、手腕的动作将此力作用于球体。

2. 背向双手传球

传球前，身体背面一定要对正传球目标，上体保持正直或稍后仰，击球点比正面传球要稍高。迎球时，微微仰头挺胸，在下肢蹬地的同时，上体向后上方伸展。击球时，手腕适当后仰，使掌心向后上方，手指击球的底部，利用抬臂、送肘的动作和手指、手腕主动向后上方用力以及两拇指主动上挑的力量将球向后上方传出。

（1）背向传球，首先必须先了解传球的距离，使背部对准传球的目标，来球与传球方向成直线时，背传较为有利。

（2）做背后传球时，下肢蹬地用力的方向是接近与地面垂直的。通过展体、挺胸、抬头的动作，使抬臂、伸肘、送肩的用力方向偏向后上方。击球点应保持在稍高和接近头上方的位置。

（3）保持良好的方向感觉和位置感觉，有意识地控制球的飞行路线与落点，将球准确地传向目标。为了提高准确性，除了依靠全身的协调用力以外，主要是利用手指、手腕的动作来控制传球的方向和落点。

3. 侧传

身体侧对传球目标，在不转动身体的情况下，靠双臂向侧方传球的动作称为侧传。

侧传的准备姿势、手型及迎球动作同正面传球基本一样，但击球点应偏向传出方向一侧。迎球时，通过下肢蹬地使身体重心向上移，上体和双臂向传球方向一侧伸展。异侧手臂动作的幅度要大些，伸展的速度也应快些，以双臂和上体侧屈的协调动作将球传出。

（二）传球技术的应用

传球技术在比赛中的运用主要体现在二传上。由于来球的方向不定，又对传出球的落点要求较高，因此二传难度大。

1. 一般正面二传

一般正面二传是二传中最简单、最常用的技术。这种技术的动作与正面传球基本相同，只是传球前身体不要正对来球，也不要正对传球方向，而要边迎球边转身，将击球点放在靠传球方向一侧，身体随传球动作边传边向传球方向转动。

2. 调整二传

将一传不到位，离网较远的球传给扣球队员进攻，这种传球叫调整二传。

调整二传与正面传球动作相同。当传球距离较远时，要充分利用蹬地、伸臂和手指手腕等全身协调力量。调整二传时，应注意选择传球的方向，传球方向与网的夹角越小越有利于扣球，尽量避免垂直向网前传球。调整二传球应比一般传球稍高，不要太拉开，这样有利扣球队员观察和上步扣球。

3. 背二传

背二传能充分利用网的全长，增加进攻点，具有很大的隐蔽性、突然性。传球前要移动插到球下，背对传球方向，要明确身体所处的位置及离标志杆的距离。传球时，要利用向后上方展体、抬臂伸肘动作将球传出。

4. 传快球

传出的球弧线低，节奏快，这样的传球叫传快球。传快球主要是依靠手指手腕的弹击动作和适当的伸臂动作来控制传球力量。要传好快球，二传队员必须主动与扣球队员配合，要根据一传的弧线、速度和扣球队员的助跑速度、起跳时间、击球点的高度和挥臂速度等情况来决定传球的速度、高度、距离和出手时间，把球主动送到扣球队员手上。

5. 传短平快球

传出的球速度快、弧线平，落点距二传手 2 ~ 3 米处，这种球叫短平快球。传球时，击球点应保持在脸前或额前，上体前倾，充分利用伸肘和压腕动作，传出快速的平弧线球。

6. 传平拉开球

传出的球速度快、弧线平、落点距二传手 6 ~ 7 米处，这种球叫平拉开球。平拉开传球与短平快球动作基本相同，但要充分利用蹬地、伸臂压腕动作将球传出。如果来球低，要稍屈膝，降低重心，使击球点保持在脸前。如来球较高，可采用跳传。传球时，利用伸肘和主动加大屈指、屈腕的力量把传球路线压平。

垫球技术

垫球是排球的基本技术之一，是比较简单易学的一种击球动作。它是在全身协调用力的基础上通过手臂的迎击动作，使来球从垫击面上反弹出去的一项击球技术。

（一）正面双手垫球技术

正面双手垫球是各个垫球技术的基础，适合接速度快、抛度平、力量大、落点低的各种来球。它是在准备姿势的基础上，判断来球的路线与落脚点，迅速移动取位，使来球保持在腹部的正前方，两臂插入球下并对准来球。垫球时，利用蹬腿移体和提肩抬臂的协调动作，以两前臂所组成的平面击球的后下方，同时身体重心伴随击球动作前移，将球向前上方垫出。

1. 准备姿势

准备姿势分半蹲和深蹲两种。半蹲主要用于接轻球及中等力量的来球；而深蹲则用于垫重球。

2. 击球手势

目前常用的击球手势有抱拳法和叠指法两种。抱拳法，两手抱拳互握，两拇指平行朝前，两掌跟和两前臂外旋紧靠，手腕下压，使前臂形成一个垫击平面。叠指法，两手手指上下重叠，掌根紧靠，合掌互握，两拇指朝前相对平行靠压在上面一手的中指第二指节上。两臂伸直夹紧，注意手掌部分不能相叠。

3. 击球点、击球部位

正面双手垫球的击球点一般应尽量保持在腰腹前的一臂距离，用两臂腕关节以上 10 厘米左右、桡骨内侧所形成的平面击球。击球部位过高，既不便于控制球，也容易造成"持球"或"连击"犯规；击球部位过低，垫在虎口上，球不易垫稳，对球的方向、力量控制不准。

4. 击球动作

在判断来球移动取位的同时，应根据来球的情况和击球的需要变化身体重心，使击球点保持在腹部高度的正前方，并将两臂迅速插入球下。击球时以蹬腿提腰，重心随之前移，同时含胸提肩，压腕抬臂等全身协调动作迎向来球，将球准确地垫在小臂击球部位上。在垫击瞬间，两臂应保持平稳固定，身体重心和两臂要有自然地随球伴送运动，以便控制球的落点和方向。

5. 击球用力

如果来球的力量小或垫出的球距离远，垫击必须加上抬臂动作，给球以反击力；如果来球的力量大，为了缓冲来球的力量，手臂还需要顺势后撤，加上含胸收腹的协调力，使球得到缓冲而垫出。一般说来，垫球的用力大小与来球的力量成反比，与垫出球的距离成正比。

6. 手臂角度

手臂角度对控制垫球的方向、弧度和落点的影响很大。根据入射角度等于反射角度原理叙述如下：

（1）来球的弧度同垫击手臂的角度（与地面所成的角度）的关系：来球弧度高，手臂的角度应该小；来球的弧度平，手臂的角度应该大。

（2）垫出球的弧度同手臂的角度关系：在来球弧度相同的情况下，要求垫出球的弧度低，距离远，手臂的角度应稍大；垫出的弧度高，距离近，则手臂角度应较小。

（3）手臂的反射面与垫出球的预定目标的关系：手臂的反射面必须对着出球的方向，有时击球点低，又要把球垫高，可以弯曲肘关节利用前臂的反射面把球垫高。

以上三个关系是相互联系、缺一不可的。

（二）跨步垫球技术

当来球离身体一步左右，但速度较快或位置较低，来不及移动对正时，队员迅速向前或向侧跨一步垫球的动作叫跨步垫球。跨步垫球在接发球和接扣球中广泛运用。它是滚翻倒地等低姿垫球的基础。

跨步垫球时，看准来球落点，及时向前或向侧跨出一步，屈膝制动，重心落在跨出腿上，上体前倾，臀部下降，后腿自然伸直或随重心前移而跟着上步，两臂前伸插入球下，用前臂击球的后下部。

（三）低姿垫球技术

当来球很低，队员采用深蹲降低身体重心，双手贴近地面的动作向上垫击，叫低姿垫球。由于低姿便于控制低球，所以在防守中运用较多。

当来球在身体附近较低部位时，队员迅速移动到球的落点上，随即降低重心，上体前倾，手臂贴近地面插到球下，跨出腿，膝部外展，蹬地腿自然弯曲，脚内侧着地，膝部内侧接近地面，主要靠球的反弹力垫球。来球力量小时，为了将球垫高，还要用屈肘、翘腕动作将球垫起。

如果球落点稍远时，队员可在做低姿垫球的基础上继续向前移动身体重心，上体充分前压，塌腰塌肩，后腿半跪，手臂贴地前伸够球，用翘腕动作以双手虎口部位将球垫起，称为半跪垫球。

（四）体侧垫球技术

来球飞向体侧，队员来不及移动对正来球，用双臂在体侧进行垫击叫体侧垫球。如左侧垫球时，应先以右脚前脚掌内侧蹬地，左脚向左跨出一步，身体重心随即移至左脚，并保持两膝弯曲。与此同时，两臂向左侧伸，左臂高于左臂，右肩微向下倾斜，两臂组成击球面对准来球并拦击来球。击球时以腰部发力，并借助左脚蹬地的力量，使身体微向内转，同时提肩抬臂将球垫起。

（五）背向垫球技术

背向垫球就是背向垫出球方向的垫球。一般为了接应同伴打飞的球或第三次处理过网球时采用。

背向垫球时，要判断好球的飞行方向，迅速移动到球的落点上，背向垫出球的方向。两臂夹紧伸直，利用蹬地、抬头后仰、挺胸、展腹的动作带动两臂向后上方击出。击球点要适当，一般击球点高，垫出的球弧度平；击球点低，则垫出球弧度较高。如果是第三次击球，距离较远，则需要用手臂多向上抬送，并要借助于腿和腰的协调力量。

（六）单手垫球技术

当来球飞向体侧较远距离，来不及用双手垫球时使用。单手垫球的优点是动作快，手臂伸得远，可以扩大控制范围。不足之处是击球面小，控制能力差，应在无法用双手垫球时采用。

当来球在体前较远时，一脚迅速向前跨出一大步，重心向前移动，以跨出腿的同侧臂向前伸出，直插球下，用虎口、掌根或手背击球的底部。击球时，手腕要有向上翘的动作，以便使球向上飞起。当球在体侧时，同侧脚向侧跨出一大步，重心移至跨出腿上，迅速向侧伸臂，同时身体要内转，借以带动挥臂动作。

（七）前扑垫球技术

在低姿防守中来不及向前跨步移动去接近球时，可采用前扑垫球垫击在前方或斜前方比较远而低的来球。前扑垫球是在低姿防守的基础上，上体继续前倾，同时下肢用力蹬地，身体向前下方扑出。前臂前伸插入球下，用前臂或手腕部分将球垫起，击球后，两手迅速撑地，两肘顺势弯屈以缓冲身体下落的力量，最后以胸腹和大腿接触地面，以缓冲身体下落力量，同时抬头挺胸，以免受伤。

为了扩大防守范围，救起离身体更远的低球，可采用前扑单手垫球。击球时，可用手指、虎口或小臂击球的下方，击球后，用另一手屈肘撑地，并以击球手一侧的胸腹部先着地。

（八）滚翻垫球技术

来球低并离身体远时可采用滚翻垫球。它可以充分发挥移动速度，保护身体不致受伤，并可迅速转入下一动作。

接球时，迅速向来球方向移动，跨出一大步，重心下降，完全落在跨出的脚上，上体前倾，胸部贴近大腿，两臂伸向来球的方向。同时两脚用力蹬地，使身体向来球方向腾出，前臂直插球下，用双手或单手击球的后下部。击球后脚尖内转，大腿外侧、臀部侧面、背部、肩部依次着地。然后顺势低头、收腹、团身，向异侧方向做一滚动动作再迅速起立。

（九）鱼跃垫球技术

当来球低而远的情况下，可采用向前猛然跃出，在空中完成击球的动作，然后落地的鱼跃垫球技术来救球。鱼跃垫球是地面防守中控制范围最大的防守技术，在防守与保护中运用非常普遍。

采用鱼跃救球技术时，要采用低姿准备姿势，上体前倾，以前脚用力蹬地，使身体向远处腾空跃出。在空中要注意身体的平衡，先用击球臂插到球下，用手臂或虎口将球垫起。落地时，两手先着地支撑，两肘缓慢弯曲，以缓冲下落力量，同时抬头、挺胸、挺腹，向后屈腿，身体成反弓形。随着两臂的支撑，胸、腹、大腿依次着地。如果向前冲力大时，可在两手着地经支撑后，立即做向后推撑的动作，使胸腹部着地后，贴着地面顺势向前滑行。

发球技术

发球技术是一项很重要的基本技术，也是唯一不受对方队员任何干扰的技术。

（一）低手发球

低手发球可以说是最简单的技术，一般用于女子初学者或规定发球形式的业余比赛（如软式排球赛）。

发球时将身体稍微倾斜于想要出击的方向，双脚可左右分立或前后分立同肩宽，左手托球，右臂振摆并用蹬腿、转腰的合力击打球的中下部。注意球不要抛得太高，只要在击球前瞬间抛离左手即可。右手击球时可用全掌、掌根或平拳击打，但以前两种形式为稳。

低手发球击球瞬间的变化不同，产生球的不同旋转。例如可以发出向前旋转（上旋），向后旋转（下旋），以及击球的力通过球的中心的不旋转（飘球）三种形式，其三种球的落点和轨迹是不相同的。

另外在比赛中（尤其是业余赛），还可采用发高球的技术，这种发球是将球尽量发得高，使球过网后垂直落下，这样滞空时间长，容易破坏对方进攻节奏，防止其组织快攻，可以说是一种较易奏效的破坏一传的形式。

（二）勾手大力发球

这种发球适合力量型的选手采用，由于是勾手发球，对技术的要求较高，也不易控制，需反复练习方可掌握。勾手发球的轨迹较低，球带有强烈的上旋，使得球过网后可突然坠于对方底线附近，造成对方接发球的判断失误。

发球时与底线垂直站立（左肩转向对方场地），双脚分开稍宽于肩，左手掌托球，然后一面将重心后移到右脚，一面开始抛球。抛球要向正上方托起高些，并将抛球臂直接向上推伸，右肩下沉，上体后仰，目视排球。一面将体重移至前脚，一面将右臂从身后抡挥划圆摆击排球，同时与腰部和背部的肌肉配合加大挥臂力量，在击球的瞬间，上身转向正前方。击球点要高些，手肘都不可弯曲。

击球时是以手腕到全掌的包裹快速出打，使球产生上旋的变化。

（三）勾手飘球

所谓飘球，是指球在运行中会产生左右或上下的飘乎不定的轨迹，如此可以给接球者造成困难。之所以球会产生飘移，是因为任何一个排球在生产过程中都不可能使其重心正好位于球的中心点上（例如球胆的不规则性，气门芯产生的不平衡等）。这样，当球在空气中运动时，如果击球点正好穿过其中心点，球就不会产生旋转，就会导致球的重心在空气中轻微变化，产生上下或左右的晃动，这就是飘球的原理。

根据这个原理，我们在发勾手飘球时，要准确、快速、短促地击打球的正中点，使球完全不产生旋转，从而发出具有攻击性的飘球。

发球时侧对底线，两脚开立略窄于肩宽，将球向头上方抛起，身体重心随右臂摆动从后脚移向前脚，转腰对向正前方并同时击球。

发勾手飘球最重要的是控制手部正确的击球位置，一般多以手掌下部或掌根部位击球，并一定要击中球的中心处，使球不发生旋转。击球时一定要尽量保持击球点集中，发力短促。

勾手飘球很适合女运动员应用，因为勾飘技术对运动员的力量要求较低，身材不高的人也能使用。少年运动员力量较差，可以将球稍稍斜向抛于体前方，这样在击球时就可以充分利用腰部转动的力量。

（四）上手发球

上手发球是应用最广，变化最多，技术不太复杂的发球技术。发球时，两腿前后开立，身体面对前方，将球抛向脸部正上方，同时右臂屈肘随右肩后引，向上向前挥臂击球。由于击球时手部位置的不同，可以打出各种变化球。

身体转向目标方向，右脚后移半步，左手向斜上抛球，开始挥右臂，一面将左脚踏出半步，随身体重心前移，左手将球抛向头正上方，右脚稍蹬地助力，右臂在头前上方高点击球，将球发出。

手击球的部位有许多种，但以手掌击球用得最多。击球时，手指稍微后仰，然后以手掌下半部击球。根据击球部位的不同可产生不同的发球，如果击中球的左侧球就会飞向右方，击中右侧球则转向左方，击中球的下半部则球会上升飘起，飞行时不下坠，容易造成对方前排队员垫球时产生追胸失误。

上手发球也可发出飘球，前提是必须在击球时使力点通过球的中心，使其保持不转状态而发飘。反之，可以通过上旋或侧旋转使球的运行轨迹发生变化，并提高球速。

除了用手掌击球外，还可采用半握拳或全掌击球的方法，每个人可因人而宜，摸索出最适合自己，并能产生出奇不意效果的发球技术，形成独门绝技。

（五）跳发球

纵观世界男女排坛，跳发球早已成为大多数球队突破对方一攻的杀手锏，一次大力的成功跳发球，常可令对手呆若木鸡，眼见球直接落地得分。我们可以把跳发球看成是一次队员自传自扣的进攻过程。发球者在底线后数米处经过抛球、助跑、起跳并大力击球，然后落于场内（规则允许在底线外起跳击球后落入场内）。因此对跳发球而言，必须具备良好的弹跳力和强大的腰腹力，完美的击球动作和准确把握起跳击球时机的能力，并将一切完美结合，一气呵成。

站在底线后3~4米处，双手将球向前上方抛起，同时开始助跑，注意将球抛得高些。

正确判断球的下落，并在起跳线前起跳，注意起跳脚不要触及底线。

在空中眼睛盯准球，身体大幅度后仰，形成反弓形，右臂随右肩后引，向上挥臂以手掌击球，注意全掌包球，将球上旋运行击向对方场内，身体前屈，双脚落于场内。

当然在击球时，也可将球击打成左侧旋，增加对方接发球的难度。如果队内有左惯用手队员，在发球时可以有意识地将球发成右上旋转，击向对方右场区，由于球的侧旋与右手选手相反，极易造成对手接发球失误或破坏其一传到位率。

扣球技术

扣球是排球运动中得分率最高的手段，一切战术的目的都是为了完成扣球的致命一击。一个球队的成败，既取决于全队的齐心协力、默契配合，又取决于二传的组织进攻，战术变化，但归根到底，还必须有主攻手强大的扣球进攻力量来达到这一目的。

（一）扣球技术

扣球的基本动作分为助跑、起跳、腾空、挥臂、击球、落地等环节。如果是快攻则稍有不同。最重要的是，传球的最高点和扣手起跳的最高点要一致，即要准确把握起跳的时机和位置。

1. 助跑与起跳

助跑的准确与否，决定扣球的质量。

排球扣球大多采用三步助跑、双腿起跳的方法，助跑前准确判断二传起球的方向、高度，然后相应作出助跑动作，到达球的落点下起跳。

助跑第一步一般先迈左脚，这一步步幅最小，但决定起跳点的方向；第二步则迈出右脚，这一步步幅也较小，但速度更快，重心降低，为起跳积蓄势能；第三步迈出左脚，这一步最大，重心最低，并有明显的制动感，以便将水平运动转换成垂直运动。完成第三步后，两脚并步，同时两臂从后向前、向上用力摆动，上体后仰，双脚同时起跳。归纳起来，即为左、右、左三步助跑。

为了跳得高，保持较低的重心很重要。起跳前大腿与躯干是 90 度角，膝角 100～110 度，小腿与地面倾角为 80 度，两肘后引使身体惯性从向前的力转为向上的力，以便跳得更高。正确的起跳应该是起跳点与下落点在同一位置，最多不能超过 30 厘米。

切记无论离起跳点多远，最后的两步必须按此要领（单腿起跳例外）。

助跑和起跑直接影响扣球质量，因此要靠日积月累，形成对不同高度、落点球的条件反射，以免出现起跳过早、过迟或起跳点不准确的问题。

见到二传托球时，一面看其方向，一面开始助跑。其中第一、二步较小些，第三步较大。

起跳时，两脚自然分开些，腰部下沉，双臂自然后摆。

两臂向前上挥起，双脚用力蹬地，双眼盯着球，右手向后挥摆。

配合右臂的后摆，上身后仰，身体呈反弓形。

使用收腹收胸和挥臂的力量，在手掌击球瞬间将力量爆发出来。

扣球后手臂及身体不可触网，着地时双脚不要越过中线，保持身体平衡，平稳地着地。

2. 扣球要点

（1）高肘击球

手臂是从向后挥动时起就一面伸肘，一面向前挥出，再以伸直肘部的高点状态来扣球。如果屈肘，不但击球点降低，而且也打不出强力。初学时一定要严格要求挥臂伸直肘的细节，速度慢些也无碍，当形成正确的动力定型后，再加大扣球力量。

（2）网上的击球高度

理论上讲，击球点是越高越好，但前提是身体在空中保持正确的姿势和平衡，否则也很难扣出好球。最理想的击球点是球的中心点在网上两个球高的位置。

（二）不同的扣球方法

根据不同的战术需要，扣球有许多不同的方法，如快攻、平拉开扣球、远网扣球、后排扣球、单腿起跳扣球、时间差扣球等。

1. 快攻扣球

扣快球的前提是一传的到位率高，扣手几乎不经助跑抢在二传将球传出之前起跳，并在空中挥臂等球，二传手几乎是将球直接塞到扣球队员手中。要求扣手手臂挥动小，以手腕的快速运动完成扣球，尽量击打球的正上方，将球"钉"在地板上。快球对扣手的弹跳和滞空力要求较高，需加强弹跳力的训练。也可以不经挥臂，直接甩手腕击球。

2. 大力扣球

大力扣球是主攻手的杀手锏，也是撕开对方防线的有力武器。二传手传出的球离网稍远些（50厘米左右），高举高打，扣手面对二传球斜向上网起跳，助跑线可以是斜向直线，也可以是绕进的弧线助跑，在空中身体后弓大，挥臂幅度大，全力扣球。

3. 后排扣球

后排扣球即从3米线后起跳，将球扣向对方场内，由于起跳离网远，对方拦网者较难捕捉拦网时机，同时，面向网正面起跳，击球路线可以是左、中、右三个方面，视野开阔，势大力沉，在前排进攻受阻时可以改变进攻方式和节奏。注意起跳时不要踩到 3 米限制线。

4. 吊球

吊球是以扣球动作吸引拦网队员注意力，而在触球的瞬间改变手法，变大力扣球为虚晃吊球或轻打。吊球一般用手指轻轻弹拨球的中上部，将球吊向对方空档处，在大力扣球的假动作虚晃下，往往能收到奇效，但不宜多用。

5. 勾手扣球

勾手扣球适合于远网扣球或打后排传来的调整球。它要求起跳后左肩对网，通过转体动作，带动右臂向左上方挥动击球。

扣球时，助跑最后一步两脚平行于网，左肩对网，起跳后在空中上体稍后仰或稍向右转，右肩下沉，右臂随起跳动作摆至脸前，迅速移至体侧，手臂伸直，掌心向上，五指微分，手成勾状，挺胸展腹。击球时，利用向左转体和收腹动作带动伸直的右臂，由下经体侧向上划弧挥动，在头的前上方最高点用全手掌击球的中后部，动作类似于勾手大力发球。

6. 打手出界

如果遇到对方拦网严密，强攻受到阻拦时，可以有意识地将球打向拦网队员的手部，使球出界。打手出界的动作不是以正面击球，而是故意击打球的左、右方将球拨打出手，使球斜向触击拦网手，造成斜弹出界。

拦网技术

拦网是组织反击进攻的第一道防线，严密的拦网不仅可以削弱对方的进攻势头，而且还可能直接得分，所以必须加强和重视拦网技术的训练，变消极防守为积极防守。

（一）拦网技术要领

1. 动作方法

面对球网，两脚开立约与肩宽，距网 30～40 厘米，两腿微屈，两臂在胸前自然屈肘。

横向移动时可采用并步、交叉步、跑步，也可向前或向斜前移动，无论哪种方向移动到网前，起跳时都必须将两脚尖转向网，配合手臂向上摆动蹬腿起跳，起跳时两手从额前平行球网向上沿前上方伸出，两肩尽量上提，两臂尽量伸向对方空间，两手自然分开，一旦触到来球时，要突然紧张，用力屈腕，用盖帽形式将球捂向对方场内。

男选手腰腹力量较好，起跳后可以大幅收腹含胸，两臂向前上伸出，形成强势封网。起跳后，两手和两臂一定不可触网，落地时仍保持两臂上举姿势。

2. 拦网要诀

（1）起始处于半蹲姿势，有利随时移动和起跳。

（2）两臂屈肘置于胸前，两手掌对着网，有利快速伸臂拦网。

（3）与网保持 30～40 厘米，既可防止触网，还可防止离网太远漏球。

（4）移动时用并步适用于近距离起跳；交叉步适用于中远距离；跑步适用于较远距离。

（5）根据对方二传手的传球情况及扣球者的动作，决定起跳时机，拦网者起跳要慢于扣球者。

（6）拦网时，两臂尽量伸直，两掌允许过网，要有伸手去抓对方来球的意识，前臂靠近球，以防"窝果"，两手间距不能太大，以免漏球。

（7）2、4号位拦网时，外侧手（靠边线的一侧）要向内转，以防对方打手出界。

（二）拦网技术运用

拦网是防守体系中的重要一环，除了单人拦网外，还有双人、三人拦网，因此相互间的配合至关重要。

1. 单人拦网

（1）随球转移拦网

腾空后，两臂突然由直臂改为侧斜拦网，如向左拦网，左臂伸直斜向，横放在网口上方，右臂屈肘，前臂在额上方与网口平行，两手间距小于球径，增大拦网宽度，以掌、指封堵。

（2）声东击西拦网

拦网队员故意对准球站位，让出一条扣球路线，而当对方向此空档扣球时，拦网者两臂突然封向空档，拦住扣球。

（3）两臂夹击拦网

起跳后，两臂分开上举，诱使对方向两臂中间扣球，一旦对方中招，拦网者两手突然由外向内收夹，以两手或两臂拦球。

（4）拦快球

快球的特点是速度快、弧度低、较近网、不易变线，多从对方2、3号位发起进攻，因此较难组成多人拦网。单人拦网时要盯紧对方快攻队员，同时起跳，快速伸臂，正对扣球者，两手伸过网去接近球，直接封住扣球线路，将其罩住。

如果对方采用短平快进攻，由于球沿网低平弧度飞行，给单人拦网造成较大困难，拦网者必须人球兼顾，准确判断扣球队员的助跑路线和起跳时机，应稍早或同时起跳拦网，伸手过网封堵其进攻路线。

2. 多人拦网

多人拦网是较复杂的拦网技术，因为在千变万化的比赛场上，要在最短时间内判定对方进攻点，并迅速组成2～3人的拦网体系，是需要扎实的基本功和常年磨合形成的默契度的。

（1）应明确主拦

无论两人还是三人拦网，都应有一人为主拦者，其他人则配合进行拦网。例如3人拦网时，一般由中间球员为主拦（身材最高大的），其余两人向其靠拢配合。两人拦网时，如在本方左侧形成拦网，则左侧队员为主拦，如在右侧拦网，则右侧队员为主拦。

（2）防止对方打手出界

对方如果遇到较严密的拦网防守，一般会采用打吊结合或打手出界战术，因此集体拦网时，一定要有意识地防范，在拦网配合时，靠近边线的队员身体不要与网平行起跳，而应将双手稍微向球场内侧倾斜，形成一个面向场内的扇面，防止对方打手出界。

（3）拦强攻球

强攻球一般都从对方4号位发起，其特点是击球点高、力量大、扣球线路多，所以必须有效地组成集体拦网。一旦到位，要晚跳高跳，形成尽可能大的拦网面，并防止触网。

（4）拦后排进攻

后排进攻由于距网较远，起球较高，因此对拦网者来讲，不易判断对方起跳点和击球时机，往往容易产生早跳。在实际应用时，拦网者必须待扣球者完全起跳、击球瞬间再开始起跳，如此节奏才可能拦住扣球。要多加练习，掌握节奏。

沙滩排球竞赛技术

准备姿势与移动步伐

人的重心越低，稳定角就越大。在沙地上，启动时的蹬地角越小，蹬地时越容易滑倒，支撑反作用力也越小，抬腿的高度也受到影响。因此，移动前身体的准备姿势应稍高，处于半蹲与稍蹲之间。两脚平行或前后站立均可，膝关节微屈，身体重心落在前脚掌，双手置于腹前。

移动是为了接近球做各种击球动作，所以移动步法好坏直接影响其他技术的发挥。在沙滩排球中，移动步法同样包括并步、交叉步、跨步、跑步和综合步等，但以并步、跨步和跑步为主。并步是同侧脚向侧跨出一步，异侧脚跟上一步，一般用于来球距身体较近时。跨步一般用于来球位于身体的前方或侧面，且球的弧度较低时。其要点是步伐要大，重心应落在前腿上，要在稳定的状态下击球。跑步多用于场外救球，启动奔跑要快，腿要高抬，使脚高出沙面以减小阻力，击球前最后一步做好制动，以便在稳定状态下击球。

发球

发球是沙滩排球重要的技术之一，主要有正面（侧面）下手发球，正面（侧面）上手飘球，正面上手发旋转球，大力勾手发球，高吊发球，跳发球和高抛发球等。由于参赛人数少，队员接发球负责的区域大，所以增加了接发球组织进攻的难度。同时，每球得分制规则规定发球失误要失去球权和分数，因此对运动员的发球技术提出了更高的要求。优秀选手都将发球作为一项重要的进攻技术，力求通过加强发球的攻击性和落点的多变性来争取主动。下面介绍几种主要的发球方法：

1. 高吊发球

沙滩排球在室外比赛，适宜高吊发球，即用力向高空击球，并通过击球使球旋转，造成对方接发球判断困难。由于受室外阳光、风向的影响较大，所以具有很大威胁。

动作方法：肩对球网，右脚在前（右手击球），左脚在后。上体稍前倾。低抛球。当球落至腰腹前时，右臂从后方向球体向下偏左部位迅速挥击并伴有屈肘动作，虎口击球，使球在旋转中向高空上升。

技术要领：挥臂速度快，力量要大，击球部位要准，击球瞬间手腕要有向外翻动的提拉动作。

2. 跳起大力发球

这是沙滩排球比赛普遍采用的一种发球方法。跳起在空中击球，可以提高击球点。同时，在空中击球可以充分伸展肢体，并发挥全身协调用力，增大发球力量，提高发球的攻击性。实际上，跳发球是扣球动作向场外延伸的同类动作，即在发球区作扣球动作。对于一些高大队员来讲跳发球更能发挥身高优势。

动作方法：在发球区距端线 3～4 米面对球网站立，有单手或双手将球抛向身体的前上方，高度 3～4 米，要使球的落点在端线附近的上空，随抛球离手后即向前助跑 2～3 步起跳在空中击球，击球点保持在右肩前上方手臂伸直的最高点。人体在空中要保持击球臂屈臂向后抬起，上体后仰，微挺胸腹，使身体呈反弓形。击球时，身体做相向运动，即利用收腰和转体发力带动击球臂快速挥动，用全手掌击球的中下部，手腕伴随有向前推压的击球动作。击完球后，屈膝落地缓冲，迅速进入场地比赛。

技术要领：抛球高度与落点要精确，起跳点要选好，击球点要保持在击球臂前上方，击球部位要取在中下部，挥臂要快，击球要有力度。

垫球

垫球在沙滩排球中也是一项重要技术，用途极广。在沙滩排球中，垫球一般适用于接对方的发球、扣球、拦回球及各种低弧度来球。一般来说，沙滩排球垫球的弧度应该稍高，垫球技术运用应多样化，除双手前臂垫球外，挡球、单手垫、前扑、鱼跃、侧倒垫球等被广泛运用。由于规则对传球过网的严格限制，垫球技术除用于一传和防守外，还大量用于二传及攻击性击球。

传球

在沙滩排球比赛中，传球主要用于组织进攻，是防守转入进攻的主要连接技术。可以认为，没有传球就没有扣球进攻。如果传球技术不好，也就无法保证进攻的威力。

沙滩排球中常用的传球技术与普通排球相似，主要有正面双手上手传球、双手上手背传球等等。鉴于规则对传球持球尺度的放宽，传球既用于组织进攻，也广泛用于一传和防守。二传球一般稍远网，以利于缩短扣球人由一传转为扣球时助跑的距离。一传较好时，可组织快球、短平快、平拉开、围绕等战术。传球过网时，身体必须面对或背对出球方向。

由于沙滩排球在规则上对上手传球进行二传的技术有严格限制，加大了组织进攻的难度，从而利于攻守平衡，使比赛更加激烈紧张，所以沙滩排球队员必须练就炉火纯青的上手传球技术才能完成好二传。就上手传球技术而言，沙滩排球具有区别于室内排球的独特之处，表现为手指缓冲流畅且缓冲时间较长，传出的球平稳且几乎没有旋转，国内通常称其为"软化传球技术"。

扣球

扣球是进攻诸要素中最强有力的武器，是得分的主要技术。沙滩排球的扣球技术分为正面扣球、勾手扣球、扣快球等技术。在沙滩排球中，由于从一传或防守转入扣球起跳点的距离一般较长，助跑多采用多步助跑，其目的主要是接近球，选择起跳点，而不是增加弹跳高度。另外，助跑的最后一步一般不宜过大，以免在起跳时重心过于滞后而滑倒。起跳大多数用并步起跳，以利于稳定重心。下面介绍一下沙滩排球中几种特殊的扣球技术。

1. 调整扣球

由于沙滩排球比赛场地相对大，上场人数少，所以无论接发球进攻还是防反进攻，多半是通过调整扣球来完成的。调整扣球仍是以正面扣球动作来进行。但因扣球时，一般是球从后场向中场或前场传来，扣球队员要根据来球的不同方向、角度、高度、弧度与落点，通过灵活的助跑步法，选择好起跳点，使起跳后人与球保持合理的位置，便于控制球，做扣球动作。为了扩大对球的控制范围，增加进攻点，要设法与传球点保持较大的角度，并在助跑时尽量采用外绕助跑。传、扣队员靠得越近，外绕越大。

2. 远网扣球

在距网 2 米并向后场延伸的空间扣球为远网扣球。远网扣球是沙滩排球比赛中广为采用的一种扣球方法。击球点保持在右肩前上方的最高点，充分利用收腹动作增加扣球力量。击球时，全掌击球的后中部，并伴随有手腕向前的推压动作，使球呈上旋飞行，以减少失误。

3. 转腕扣球

转腕扣球是沙滩排球比赛中常用的一种个人扣球技术，往往能起到事半功倍的作用。其方法主要是利用手腕转动动作，改变原有手臂的挥动方向和扣球路线。运用时，可根据对方拦网的实际情况，向内或向外转腕。

拦网

沙滩排球的防守阵形只能是无人拦网 2 人防守或单人拦网单人防守。沙滩排球的远网扣球多，拦网的起跳时间大多在对方击球时或击球后。拦网时，手尽量接近球，力争拦死或拦回。无人拦网防守阵形与接发球阵形相似。单人拦网单人防守的拦防配合要事先约定，不能轻易改变，以免出现大的漏洞。在球网中部拦网时，后防队员应选择中场偏后的位置；在球网一端拦网时，拦直防斜。防守垫球应稍高，便于拦网队友接应。拦网触球后，应力争防起的球能使同伴完成进攻，也可有目的地把球垫到对方场区的空档。

PART 8 裁判标准

六人制排球

裁判员的组成

正式比赛的裁判员应有第一裁判员、第二裁判员、记录员、辅助记录员和两名司线员组成。正式的国际比赛要求有四名司线员。另外，还应配有播音员、六名捡球员和六名擦地板员（必要时还需增加两名擦地"游击"手）等。

在基层比赛中，有时由于条件限制不可能按规则要求安排如数的裁判员，可根据其条件，由组委会决定每场比赛精简的裁判人数。但无论如何精简，都应保证比赛能按照规则规定，公正、顺利地进行。必要的记录是不可缺少的，因为它是比赛情况的唯一依据。

裁判员的位置

第一裁判员坐或站在球网的一端的裁判台上执行任务。他的水平视线必须在高出球网上沿约 50 厘米的高度上，以保证视野开阔和对网上球的判断。第二裁判员站在第一裁判员的对面，比赛场区外的网柱附近，他的活动范围一般在两条进攻线的延长线之间。采用两名司线员时，分别站在第一、第二裁判员右侧端线及边线的交界处工作；采用四名司线员时，2 名站在边线延长线上，2 名站在端线延长线上工作。记录员坐在第一裁判员对面的记录台处工作。

裁判员的权力及职责

裁判员的权力

1. 第一裁判员的权力

第一裁判员自始至终是比赛的领导者。他对所有裁判员和比赛队员行使权力。在比赛中他的判定是最终判定。如果发现其他裁判员的错误，他有权改判，甚至他可以撤换一名不称职的裁判员。他有权决定涉及比赛的一切问题，包括规则中没有规定的问题，以及决定赛场条件是否符合比赛要求和掌管捡球员和擦地板员的工作。

2. 第二裁判员的权力

第二裁判员是第一裁判员的助手，当第一裁判员不能正常工作时，他可以代替第一裁判员行使职责；他有权允准比赛间断请求或拒绝不合规定的请求，他负责掌握间断的时间及各队暂停、换人的次数，并将每队暂停次数和人次报告第一裁判员和有关教练员；当发现球员受伤时，他有权允许替换或给予恢复时间；负责掌握记录员的工作及准备活动区中的队员；比赛中他还负责检查场地地面（主要是前场区）和球是否符合比赛要求；比赛中可以用手势指出他职权以外的犯规（如球触手出界、四次击球等），但不得鸣哨，也不得坚持自己的判断。

裁判员的职责

1. 第一裁判员的职责

比赛前，第一裁判员应检查场地、器材和比赛用球，主持抽签，掌握正式准备活动时间。比赛中对不良行为和延误比赛进行判罚，对发球犯规和次序错误，包括发球延误、比赛击球的犯规、高于球网和球网上部犯规的判定。

2. 第二裁判员的职责

第二裁判员在每局比赛开始，决胜局交换场地以及任何必要的时候，检查场上队员的实际位置是否与位置表相符。在比赛中发现以下犯规应立即鸣哨并做出手势；接发球队的位置错误；队员触及球网和与他同侧的标志杆并干扰了比赛；网下穿越进入对方场区和空间；后排队员进攻性击球和拦网犯规；球从过网区以外过网进入对方场地或触及与他同侧的标志杆；后排自由防守队员进攻性击球犯规；球触及场外物体或地面及第一裁判员难以观察的情况时。

第二裁判员对第一裁判员的手势都要重复，进行配合。

其他工作人员的职责

1. 记录员的职责

比赛前和每局前：按照规定程序及有关比赛和两队的情况取得两队队员和教练员的签字；根据位置表登记各队的上场阵容。比赛前，双方的上场阵容除裁判员外不得让任何人得知。

比赛中：记录得分，并核对计分表上的比分是否正确；检查各队发球次序是否与计分表相符，发现发球次序错误应在发球击球后立即通告裁判员；掌握记录暂停和换人次数，并通知第二裁判员；发现不符合规定的间断请求，要通知裁判员；每局结束和决胜局第 8 分时通知裁判员。

比赛结束后：登记最终结果；在计分表上签名；取得双方队长及裁判员的签名；如比赛中某队提出抗议，应允许该队队长将有关抗议写在计分表的附注栏内。

2. 辅助记录员的职责

比赛中记录有关后排自由防守队员的替换；掌握技术暂停的时间；操作手动记分牌和监督电子记分牌；协助记录员的工作，必要时替代记录员。

3. 司线员的责任

负责判断线附近的球；示以"界内"或"界外"的旗示。

球触及某队员身体后出界，主要负责判断后排队员的触手出界，示以"触手出界"旗示。

距球飞行路线最近的司线员负责判定"球从过网区以外过网"和"球触及标志杆"等。

负责端线的司线员负责判定发球队员脚的犯规。

当第一裁判员询问时，司线员必须重复旗示。

裁判员鸣哨和手势

裁判员在比赛中自始至终都是以鸣哨和手势来进行工作的。裁判员对比赛中出现的各种情况做出判断后，应立即鸣哨，然后必须以法定的手势展示给运动员、记录员和观众等。

哨音

（1）哨音要坚决、果断、及时、响亮，鸣哨要有节奏、有轻重、有长短。

（2）第一、第二裁判员应避免重复鸣哨。

手势

1. 手势应注意的事项

（1）手势要准确、及时、规范、清楚、大方。

（2）第一裁判鸣哨中止比赛时，应先用手势指出应发球一方，然后用另一只手（或双手）的手势表明犯规性质，有必要时指出犯规队员。如用单手手势时，必须用与犯规队或提出请求的队的同侧手表示。

（3）第二裁判对职责范围内的判断应鸣哨中止比赛，先指出犯规性质，然后在有必要时指出犯规队员，再随第一裁判员表示应发球的一方。

（4）当双方犯规时，第一、第二裁判员都应先指出犯规性质，然后在有必要时指出犯规队员，再指出应发球一方。

（5）裁判员的手势要稍有停留，让其他裁判员、运动员、教练员和观众都能看清楚。

（6）当裁判员的判断不一致时，第一裁判员不论维持原判还是改判，都应再次明确做出最后判定的手势。

2. 裁判员手势

允许发球：挥动发球一侧手臂。

发球一方：平举发球队一侧的手臂。

交换场区：两臂在体前体后绕体旋转。

暂停：一臂屈肘抬起，令一手掌放在该手指尖上。

换人：两臂屈肘在胸前绕环。

判罚失分：一手持黄牌。

判罚出场：一手持红牌。

取消比赛资格：一手持红、黄牌。

一局或全场比赛结束：两手掌在胸前交叉。

发球时球未抛出：一臂屈肘慢慢举起，掌心向上。

发球延误：一手上举，五指分开。

掩护和拦网犯规：两臂上举，掌心向前。

位置和次序错误：一手指在体前水平绕环。

界内球：整个手臂和手掌斜指向地面。

界外球：两臂屈肘上举，手掌向后摆动。

持球：一手掌前平举，掌心向上。

连击：一臂屈肘举起，伸出两个手指。

四次击球：一臂屈肘举起，伸出 4 个手指。

发球触网和队员触网：一手触网顶或触犯规队一侧球网。

过网犯规：一手掌心向下，前臂置于球网上空。

后排队员进攻性击球犯规：一臂向上举起，前臂向下摆动。

进入对方球区球从网下通过：手指指向中线。

双方犯规：两臂屈肘竖起拇指。

触手出界：两臂举起，一手掌摩擦另一手指尖。

延误警告：一手指指向手表。

延误判罚：以黄牌放置于手表上。

裁判员之间的配合

第一、二裁判员之间的配合

第一、二裁判员到达比赛场地后，应共同检查场地、器材和设备是否符合要求，必要时要主动与场地负责人联系。赛前共同主持抽签和入场仪式，准备活动时间由第二裁判员掌握。每局比赛开始前，第一裁判员应给第二裁判员充分的时间核对双方场上队员的位置。在比赛中，第一裁判员重点判断发球方、进攻方和球网上沿及本侧的犯规，第二裁判员则重点判断接发球方、拦网方和球网下沿及本侧的犯规。暂停和换人工作主要由第二裁判员掌握。第一裁判员应给予时间使其完成换人程序。如换人出现延误，第二裁判员应及时向第一裁判员做出提示，由第一裁判员进行判罚。当某队已暂停两次和换人达5人次时，应用手势通知第一裁判员。第二裁判员发现球触及同侧的标志杆或从标志杆外过网时，应及时鸣哨并做出手势。如发现同侧的球触手出界、四次击球、背向第一裁判员的连击时，应及时做出只能让第一裁判员看见的手势，手势应在胸前。如第一裁判员未看见，第二裁判员应将手势立即收回，不得坚持自己的判断。第二裁判员要对第一裁判员难以看到的界内球及时鸣哨并做出手势。第一裁判员鸣哨发球后或同时，第二裁判员不应再鸣哨允许某队请求暂停或换人。当记录员发现发球次序错误而鸣哨中止比赛时，第二裁判员应及时查明情况，并报告第一裁判员，由第一裁判员进行处理。第一裁判员对某队进行判罚时，应说明原因，由第二裁判员将判罚原因通知记录员。当发现场上队员受伤不能继续比赛时，裁判员应及时鸣哨，由第二裁判员掌握换人的规则。

第一裁判员与记录员之间的配合

比赛前，第一裁判员要将抽签的结果通知记录员。每局比赛开始前和换人时，第一裁判员应给记录员充分的时间登记、核对场上队员的位置和登记换人号码，记录员登记和核对完毕后，应向第一裁判员举双手示意。在比赛中，如发现比分、队员位置、发球次序、得分与换发球错误时，第一裁判员应给记录员充分的时间，以便查明情况，如第一裁判员给予某队不良行为的处罚和延误判罚时，第一裁判员应用手势清楚地表明情况，记录员进行准确地记录。在决胜局某队得8分交换场地时，记录员应及时通知裁判员双方交换场区，第一裁判员给予必要的时间，供记录员使用。当某队已请求两次暂停和5人次换人后，应用手势通知第一裁判员。

第一裁判员与司线员之间的配合

对界内外球的判断，一般情况下，第一裁判员应尊重司线员的判断，当球落在界线附近时，应先观察司线员的旗示，然后再做出最终判定。司线员要对界线附近的球做出判断。如未看清楚时，不要急于做出旗示，必要时可向第一裁判员说明情况。

对球触手出界的判断，特别是后场区球触手出界的判断，第一裁判员要依靠和尊重司线员的判断，司线员要及时做出准确的判断，并向第一裁判员做出示意。当球触及标志杆或从标志杆外及延长线上过网时，第一裁判员在近端应与右边的司线员配合，远端则与左边的司线员配合。当发球队员踏及端线，或在发球区外起跳发球时，司线员应主动做出判断旗示，第一裁判员也应注视司线员的判断。

第二裁判员与记录员之间的配合

在每局比赛的开始前，第二裁判员核对场上位置后，应看看记录员是否核对完毕，记录员核对完毕后，应举双手向第二裁判员示意。在暂停时，第二裁判员应向记录员了解双方暂停的次数，如果第二次暂停，记录员应通知第二裁判员。在换人时，第二裁判员应注视记录员，如是合法替换，记录员应举单手向第二裁判员示意同意其换人。第二裁判员在换人区控制换人过程时，应给予记录员记录号码的时间，特别是在多人次换人时，要依次进行。记录员登记完毕要举双手向第二裁判员示意。当记录员发现发球次序错误时，应在发球队员击球时，立即鸣哨终止比赛。第二裁判员要协助记录员查明情况，并准备进行纠正。当某队成员受到判罚或延误处罚时，第二裁判员要协助记录员进行准确的登记。

司线员之间的配合

两名司线员共同负责一条边线和端线，当球落在两条线的交角附近的是，应由两名司线员协同判断。

应遵循的原则

（1）谁看到界外球谁先出旗，另一名司线员配合出旗。如两名司线员都未看出是界外球，说明是界内球，两人应彼此目视，然后同时做出界内球的旗示。

（2）按主线和辅线职责处理。如球的落点侧重在边线，则由负责边线的司线员主要判断，另一名司线员配合判断。

司线员旗示

界内球：向下示旗。

界外球：向上示旗。

触手出界：一手举旗，另一手放置在旗顶上。

发球犯规或球从非过网区通过：一手举旗晃动，另一手指端线或标志杆。

无法判断：两臂胸前交叉。

沙滩排球裁判工作

裁判员手势

沙滩排球规则规定：队员张开手指完成吊球和运用上手传球完成进攻性击球时，其出球方向与两肩的垂直面不一致均为进攻性击球犯规，其手势为 6 人制后排队员进攻性击球犯规的手势。其他手势同 6 人制排球比赛。

裁判员职责

第一裁判员

（1）注意区分正常的比赛间断和有意延误比赛。

（2）在高温、场地过干时，要让工作人员向场内洒水。

（3）在方式 A 的比赛中每 5 分和 5 分的倍数时，在方式 B 比赛中当比分为 7 分和 7 分的倍数时，要宣布交换场区，交换场区的时间最多为 30 秒，决胜局交换场区无间歇时间，不得延误比赛。

第二裁判员

（1）掌握暂停次数和时间。

（2）经常与记录员取得联系，随时掌握交换场区的比分和应发球的队员。

其他工作人员的职责

记录员

（1）注意比赛中特别是交换场区的比分，并通知第二裁判员和翻分员。

（2）准确记录运动员的发球次序，当运动员提出询问时，应及时用号码牌示意。

（3）熟悉沙滩排球记分表。

司线员

由于沙地松软，在判断界内外球时，应以球是否触及到界线为依据。在判断发球队员踏线犯规时，也应以发球队员是否踏及端线为依据。

PART 9 风格流派

在排球运动的不断发展中，由于各个国家和地区的民族特色不同、身体素质不同、技战术发展水准不同、认识方法不同，形成了不同特色的风格打法。

风　格

力量排球

以苏联、保加利亚、波兰男排为代表，他们身材高大，弹跳力强，以凶狠扣杀取胜。

技巧排球

以捷克斯洛伐克男排为代表，他们善于用脑，轻打软吊，以巧取胜。

高度排球

以民主德国男排为代表，二传球高离地 7～8 米，扣球手慢起高跳，以高度的保险性将球扣入对方场地。

配合排球

以日本、中国男排为代表，他们主要以默契配合，集体智慧，快速善变来达到取胜的目的。

打　法

进攻型

以苏联女排为代表的"进攻型"打法，注重进攻能力和力量，包揽 20 世纪 50 年代的世界冠军。

防守型

以日本女排为代表的"防守型"打法，以顽强的防守、出色的发球，在 1962 年打破了苏联的垄断，获得世界冠军。

PART 10 | 赛事组织

竞赛工作

排球竞赛的组织工作可分为：赛前准备工作、竞赛工作和竞赛结束工作三个阶段。

赛前准备工作

赛前准备工作是决定比赛能否顺利进行的关键，因而十分重要。其主要的工作如下：

成立组织机构

根据竞赛的组织方案确定其规模与形式，成立组织委员会（竞赛委员会）。基层单位小型竞赛活动的组织结构，可根据具体情况精简。

采用主客场制组织竞赛时，应成立两个层次的组织领导机构，一是成立联赛组织委员会，可包括竞赛部、新闻部、技术监察委员会和纪律委员会，二是各承办单位成立赛区委员会，包括办公室、竞赛组、接待组、保安组、新闻组和财务组。

制定竞赛规程

竞赛规程是竞赛组织者和参加者的指导性文件，是各参赛队报名和竞赛工作进行的依据，在竞赛前由主办单位根据竞赛目的和任务制定，并提前发给有关单位，以便做好赛前的准备。竞赛规程是竞赛工作的依据，有关竞赛的各项规定、要求及办法必须明确地写入规程。

竞赛规程主要包括：竞赛名称、竞赛日期和地点、参加单位及资格、竞赛办法、录取名次和奖励办法、报名和报到日期地点、裁判员和仲裁委员会选派方法和注意事项等。

制订工作计划

各处（组）根据职责范围，分头制订工作计划。经组委会审定后，按期落实，并定期检查工作进展情况。各处（组）之间既要分工明确，又要协调配合。

赛前的一些具体工作

组委会：按照各职能处（组）的工作计划检查落实情况，解决、协调一些疑难问题和工作；召集裁判长、领队及教练员联席会，由组委会通报竞赛工作的准备情况和解决与比赛有关的各种问题；由裁判长通报比赛中关于执行规则的问题和要求。

办公室：拟定大会文件；安排好赛会会议、发奖等事宜，做好接待、交通、食宿、票务和医务等工作。

竞赛处（组）：根据规程规定和报名队的具体情况编排比赛日程，编印秩序册并及时发到各个有关单位；印制竞赛用的各种表格；安排好各参赛队赛前对比赛场地的适应性练习；组织调研人员和辅助人员的培训工作等。

裁判委员会（组）：组织裁判员和辅助裁判员的业务学习和实习；裁判长检查场地和器材落实情况；进行裁判员分组并确定负责人等工作。

宣传处（组）：协助组委会召开新闻发布会的筹备工作，让更多的宣传媒体介入赛会进行宣传报道。

保卫处（组）：根据赛会的需要和组织安排一定的警力，确保赛会安全顺利进行。

仲裁委员会：与组委会共同审查报名队与队员的参赛资格，组织仲裁成员学习《仲裁委员会条例》。在采用主客场制组织竞赛时，由组委会下设技术检查委员会向各赛区指派技术代表。技术代表要对赛区、裁判员、运动员等工作进行全面负责并及时向组委会汇报。

召开组委会会议，各处（组）汇报筹备工作情况。

比赛期间的工作

办公室：应深入各队听取意见，改进工作，保证运动员、裁判员和工作人员的伙食，洗浴及休息；赛前应有医生做好处理伤病事故的准备工作，并做好食品卫生监督工作。

竞赛处（组）：要及时登记和公布当天的比赛成绩，同时应经常检查并管理好场地器材与设备；遇到特殊情况需要更改比赛场地、日期和时间时，要及时通知各队。

裁判委员会（组）：要合理安排执哨裁判，及时总结改进工作，保证比赛顺利进行。

宣传处（组）：组织好宣传报道和体育道德风尚奖的评定工作。

保卫处（组）：应随时注意与会人员住地及赛区的治安安全，特别在赛事临近结束的时候更要加强安保工作。

仲裁委员会：负责复审比赛期间执行规则及竞赛过程中发生的纠纷、受理申诉和控告等。对上述问题要及时仲裁处理，以免影响比赛正常进行。

竞赛结束的工作

竞赛处（组）及时核对比赛成绩，排出名次，交由裁判长宣布。

召开组委会会议，听取工作汇报及意见；决定体育道德风尚奖评选结果；组织闭幕式和发奖仪式；印发成绩册；安排和办理各队及裁判员离会等有关事宜；完成赛会总结并向领导部门汇报。

竞赛制度

竞赛制度是参赛的各队间如何进行比赛的方法。选择和确定竞赛制度，应根据比赛的目的任务、竞赛的时间长短、参赛队的多少及场地设备等情况来决定。排球比赛经常采用的竞赛制度有循环制、淘汰制、混合制和佩奇制。

循环制度

循环制是参赛各队，在整个竞赛或同一小组赛中彼此都有相遇的机会。这种竞赛制度能较合理地确定参赛队的名次，也能使各队有较全面的交流和学习的机会。循环制又分为单循环、双循环和分组循环三种。

1. 单循环

单循环是各参赛队在整个竞赛中彼此相遇一次，一般是在参赛队不多、比赛时间充足时采用。

2. 双循环

双循环是各参赛队相遇两次的比赛方法，多在参赛队较少、为了增加各队相互学习和锻炼机会时采用。它比单循环比赛的总场数增加一倍。双循环比赛次序的编排与单循环相同，只是将记录成绩栏一分为二，上部记第一循环成绩，下部记第二循环成绩。一般是赛完第一循环后，再赛第二循环，最后计算总分。

3. 分组循环

参加比赛的队较多而竞赛时间较短时，为了比较合理地确定各队名次，可采用分组循环的比赛方法。把参赛的队平均分成若干小组，在各小组内进行单循环比赛。然后根据需要和实际情况，把各组的优胜队或同名次再进行一次单循环比赛，排出名次。

淘汰制度

淘汰制就是在比赛中失败一次即退出比赛，获胜者继续比赛，直到最后决出冠军为止。淘汰制一般是在参赛队数较多，比赛期限较短时采用。

混合制度

一次竞赛中同时采用循环制和淘汰制称为混合制。采用混合制时可将竞赛分为两个阶段进行。前一阶段采用分组单循环，后一阶段采用淘汰制进行决赛；或者相反。

采用先分组循环后淘汰的混合制比赛时，最好分成 2 组、4 组、8

组、16 组进行分组循环，以便于以后编排淘汰制的比赛秩序表。

我国全运会排球赛就是按此办法进行比赛的，按预赛成绩将 12 支队分成 A，B 两组，采用分组单循环排出各组的 1～6 名。然后 A 组的第一名对 B 组的第二名；B 组的第一名对 A 组的第二名，这两场比赛的胜队决 1、2 名，负队决 3、4 名；同样 A、B 两组的 3、4 名进行交叉比赛，比赛的胜队决 5、6 名，负队决 7、8 名；其他队依次决出 9～12 名。

佩奇制度

将第一阶段循环产生的前 4 名或分组循环赛产生的各组前 2 名，按主决赛和决赛进行淘汰赛。

名次决定：主决赛胜队为冠军，负队为亚军；决赛（复活赛）负队为第三名，第一半决赛第四名。

比赛轮数及场数

单循环比赛轮数和场数的计算

比赛轮数：在循环赛区中，各队都参加完一场比赛即为一轮。参赛队数为单数时，比赛轮数等于队数，如 5 个队参加比赛，则比赛轮数为 5 轮；参赛队数为双数时，比赛轮数等于队数减 1，如 6 个队参加比赛，则比赛轮数为 5 轮。

比赛场数：单循环比赛的场数可用下面的公式进行计算：
比赛场数 = 队数（队数 - 1）/2

单淘汰比赛轮数及场数的计算

比赛轮数。如果参加的队数是 2 的乘方数时，则比赛轮数是以 2 为底的幂的指数。例如 8 支队参加比赛为 3 轮，16 支队参加比赛为 4 轮。

如果参加的队数不是 2 的乘方数，也就是说参加队数介于两个 2 的乘方数之间，则轮数是较大的一个以 2 为底的幂的指数。例如 14 支队参加的比赛，则按 16 支队的轮数来计算为 4 轮。

（2）比赛场数。单淘汰赛的比赛场数总是等于参加队数减一。如 8 支队参加比赛，共赛 7 场。

竞赛的编排

贝格尔编排法

把参赛队数一分为二编成号数（参赛队为单数时，最后以"0"表示，以形成双数），前一半的号数由 1 号开始，自上而下写在左边；后一半的号数，自上而下写在右边，然后用横线把相对应的号数连接起来即为第一轮的比赛。

第二轮将第一轮右上角的编号（"0"或最大的一个号数）移到左上角，第三轮又移到右上角，以此类推，即单数轮次时"0"或最大的一个代号应在右上角，双数轮次时则在左上角。

朝逆时针方向移动位置时应按规定的间隔数移动。不论多少队，第一轮后将"1"朝逆时针移动到左下角，其间隔数就是该队数编排时的移动间隔数（见表一）。"0"或最大代号数应先于"1"移动好位置。"1"进行间隔移动时，凡遇到"0"或最大代号数时应越过，不作间隔计数。最后一轮时，必定是"0"或最大代号数在右上角，"1"在右下角。

表一　间隔数

参赛对数	4 队以下	5 ~ 6 队	7 ~ 8 队	9 ~ 10 队	11 ~ 12 队
间隔数	0	1	2	3	4

以 8 支队参赛为例，编排方法如表二所示。

表二　8 支参赛编排法

轮次一	二	三	四	五	六	七
1—8 （0）	8 （0） —5	2—8 （0）	8 （0） —6	3—8 （0）	8 （0） —7	4—8 （0）
2—7	6—4	3—1	7—5	4—2	1—6	5—3
3—6	7—3	4—7	1—4	5—1	2—5	6—2
4—5	1—2	5—6	2—3	6—7	3—4	7—1

固定左上角逆时针循环编排法

此方法是基层比赛的常用编排方法，例如：6 支队或 5 支队参加比赛，其循环方法如表所示

循环编排

	第一轮	第二轮	第三轮	第四轮	第五轮
6 支队	1—6	1—5	1—4	1—3	1—2
	2—5	6—4	5—3	4—2	3—6
	3—4	2—3	6—2	5—6	4—5
5 支队	1—0	1—5	1—4	1—3	1—2
	2—5	0—4	5—3	4—2	3—0
	3—4	2—3	0—2	5—0	4—5

竞赛成绩计算

循环制的成绩计算方法及决定名次方法：

1. 每队胜一场得 2 分，负一场得 1 分，弃权取消全部比赛成绩，积分多者名次前列，如比赛成绩记录表所示：

比赛成绩记录表

队名	巴西	日本	加拿大	江苏	上海	积分	局分						名次
							胜A	负B	C值	胜X	负Y	Z值	
巴西		2:3/1	3:0/2	3:2/2	3:1/2	7	11	6	1.83	228	171	1.33	2
日本	3:2/2		3:1/2	3:0/2	2:3/1	7	11	6	1.83	228	191	1.06	3
加拿大	0:3/1	1:3/1		3:0/2	0:3/1	5							4
江苏	2:3/1	0:3/1	0:3/1		0:3/1	4							5
上海	1:3/1	3:2/2	3:0/2	3:0/2		7	10	5	2				1

2. 如遇两队或以上积分相等，则采用下列办法决定名次：

X（总得分数）／Y（总失分数）＝Z，Z值高者名次前列

如果Z值相等，则采用下列办法决定名次：

A（胜局总数）／B（负局总数）＝C，C值高者名次前列

如果两C值仍相等，应按照它们之间胜负来决定名次（见上表比赛成绩记录表所示）。

比赛秩序表的编排及格式

单淘汰比赛秩序表的编排

（1）如果比赛队数是2的乘方数，开始比赛的第一天，所有的队都进行比赛，没有轮空队。只要按照比赛参加的队数，每两队编排一组进行淘汰即可。例如8支队参加比赛，即比赛3轮共7场即可。抽签后，将队名填在秩序表中。（见下表）

表一　单淘汰比赛秩序表

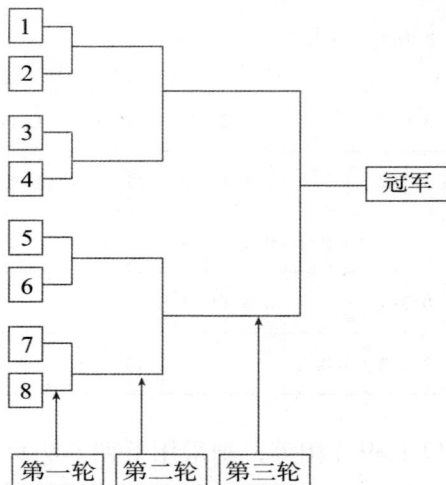

（2）如果参加的队数不是 2 的乘方时，要根据参加队数，选择接近的、较大的以 2 为底的幂的指数位号码位置数，号码为指数减去参加队数即为轮空数，例如 13 支队参加比赛，应选 16 号码位置数，有 3 支队轮空可以 2、10、15 号为轮空位置号码。第一轮比赛凡与 2、10、15 号比赛的队即为轮空队。轮空队只能在第一轮比赛中出现。如有轮空队，应首先让强队轮空。

为了避免技术较好的两队首先相遇而有一支被淘汰，可采用设种子队的方法。编排秩序表时，把实力较强、技术较好的"种子队"合理地分别排入各个不同的区内，让他们最后相遇，这样比赛中产生的名次较为合理。确定种子队的主要依据是其技术水平和最近参加的主要比赛所取得的成绩。确定"种子队"的多少，主要依据参赛队的多少，一般以 4 支队设一名"种子队"为宜。单淘汰的"种子队"应平均分布在各个区内。例如以 16 支队参加比赛，设 4 支"种子队"，把最强的两个种子队排在两头 1、16 号位置上，把 3、4 号"种子"安排在中间 8、9 号位置上（见下表）。

表二　单淘汰比赛秩序表（设种子队）

注 （　） 为轮空位置号码；［　　］ 为种子队位置号码

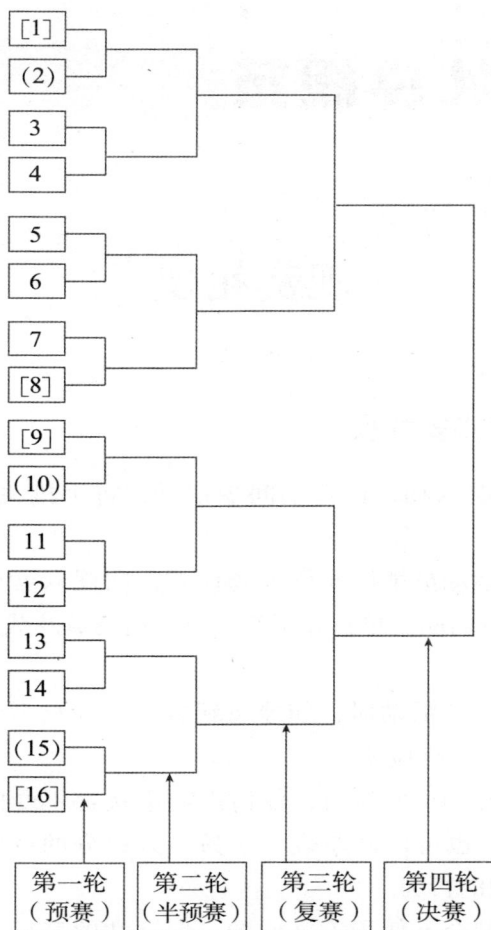

```
[1]
(2)
3
4

5
6
7
[8]

[9]
(10)
11
12

13
14
(15)
[16]
```

| 第一轮（预赛） | 第二轮（半预赛） | 第三轮（复赛） | 第四轮（决赛） |

单淘汰比赛秩序表格式

经过抽签排定号码位置后，可编排出全部比赛秩序表。

观赛礼仪

六人制排球观赛礼仪

1. 观众应提前入场，比赛期间少走动，将手机关机或调至振动、静音状态。

2. 开赛前，运动员举行集体入场仪式，向观众席行礼致意时，观众应用热情的掌声回应。单独介绍教练员、运动员及裁判员时要报以热烈的掌声。

3. 运动员做准备活动时，如球飞到看台，观众不要直接将球扔回场内，应将球捡起交给捡球员。

4. 比赛中，运动员发球时，任何声响干扰都不受限制。如果运动员发球失误，观众也可以鼓掌表示对另一方得分的祝贺，但过分地鼓"倒掌"是不礼貌的行为。

5. 比赛中，观众不使用不文明的、侮辱性的言行刺激运动员和裁判员。观看比赛时，禁止燃放烟火、向场内抛掷物品、破坏公物，做不文明手势，禁止吸烟。照相不宜使用闪光灯。

沙滩排球观赛礼仪

1. 观众应提前入场，比赛期间少走动，将手机关机或调至振动、静音状态。

2. 开赛前，运动员举行集体入场仪式，向观众席行礼致意时，观众应用热情的掌声回应。单独介绍教练员、运动员及裁判员时要报以热烈的掌声。

3. 运动员做准备活动时，如球飞到看台，观众不要直接将球扔回场内，应将球捡起交给捡球员。

4. 比赛中，运动员发球时，任何声响干扰都不受限制。如果运动员发球失误，观众也可以鼓掌表示对另一方得分的祝贺，但过分地鼓"倒掌"是不礼貌的行为。

5. 比赛中，观众不使用不文明的、侮辱性的言行刺激运动员和裁判员。观看比赛时，禁止燃放烟火、向场内抛掷物品、破坏公物，做不文明手势，禁止吸烟。照相不宜使用闪光灯。

6. 晴朗的天气适宜比赛，但观众在观看沙滩排球比赛前应适当抹上一些防晒霜，以降低紫外线对皮肤的伤害。墨镜、饮料是观赛必不可少的，但为了不影响周围的观众，不提倡撑开遮阳伞。

参赛礼仪

六人制排球参赛礼仪

1. 参赛者必须了解并遵守规则。

2. 参赛者必须以良好的体育道德作风服从裁判员的裁定，不允许进行争辩。如果有疑问，能且只能通过场上队长提请解释。

3. 参赛者不得有任何目的在于影响裁判员判断或掩盖本队犯规的动作和行为的表现。

4. 参赛者的行为必须符合"公平竞赛"的精神，不仅对裁判员，而且对其他工作人员、对方、本方以及观众都要尊重，有礼貌。

5. 参赛者不得以任何行为延误比赛。

6. 比赛结束时，要感谢裁判员和对方运动员。

沙滩排球参赛礼仪

1. 参赛者须了解并遵守沙滩排球的竞赛规则。

2. 参赛者必须以良好的体育道德作风服从裁判员的判定，不允许争辩。如果有疑问，可提请解释。

3. 参赛者的行为必须符合公平竞赛的精神，不仅对裁判员，而且对其他工作人员、对方队员、同队队员及观众都要尊重，有礼貌。

4. 参赛者不得有任何目的在于影响裁判员的判断或掩盖本队犯规的动作和行为的表现。

5. 参赛者不得以任何行为延误比赛。

6. 比赛结束时，要感谢裁判员和对方运动员。

PART 12 明星花絮

排　球

郎平

中国著名女子排球运动员和教练员

英文名：Lang Ping

别名：铁榔头

国籍：中国

身高：1.84 米

场上位置：主攻

扣球高度：3.12 米

拦网高度：3.10 米

郎平 1960 年 12 月 10 日生于天津市，1973 年进入北京工人体育馆少年体校排球班练习排球，1976 年进入北京市业余体校，同年入选北京市排球队；1978 年入选国家集训队。

郎平

郎平是 20 世纪 80 年代世界女子排球界"三大主攻手"之一，有"铁榔头"之称。她身体素质好，弹跳力强，摸高可达 3.17 米，快攻变化多，网上技术突出，以 4 号位高点强攻著称，是队里的核心人物。

1985 年郎平退役进入北京师范大学外语系攻读英语专业，1987 年赴美国新墨西哥大学留学，后赴国外打球，1990 年重新回到国家队，

1995 年开始执教中国排球，并代领中国排球队在国际大赛上连连取得好成绩。1999 年开始郎平远赴意大利执教，同样取得了辉煌的成绩。2004 年开始执教美国女排，在郎平执教期间，美国女排获得了 90 胜 49 负的成绩。

2009 年，郎平回国执教广东恒大女排，率领广东恒大女排征战在各大赛会上。

郎平于 1980 年被国家授予"运动健将"称号；1984 年获全国"三八红旗手"称号；1985 年获"国际级运动健将"称号；此后多次当选"全国十佳运动员"，并四获国家体委颁发的体育运动荣誉奖章。1994 年被评为"建国 45 周年体坛 45 英杰"之一，1997 年被国际排联评为年度女排"最佳教练"，1999 年当选"新中国体育五十星"。2002 年以全票入选排球名人堂，成为亚洲排球运动员中获此殊荣的第一人。

主要战绩：

1978 年郎平随中国队获第八届亚运会女排比赛银牌；

1979 年获第二届亚洲女子排球锦标赛冠军；

1982 年获第九届世界女排锦标赛冠军、第九届亚运会女排比赛金牌；

1983 年在世界超级女排赛上获得冠军，

1984 年获第 23 届洛杉矶奥运会女排比赛金牌；

1989 年郎平带领意大利摩迪那俱乐部女子排球队获意大利杯赛冠军；

1990 年回到国家队，带领中国女子排球队获第 11 届女子排球锦标赛亚军；

1991 年率新墨西哥州大学女子排球队获美国东部地区女子排球赛冠军；

1995 年开始执教中国女排，同年率队获得世界杯女子排球赛第 3 名；

1996 年率领中国女排夺得亚特兰大奥运会银牌；

1997 年率国家队获第九届亚洲女排锦标赛冠军；

1998 年率队夺得第 13 届世界女排锦标赛亚军，第 13 届亚运会排球比赛金牌。

1999 年，郎平远赴意大利执教，率意大利摩德纳女子排球队在 2000 年获意大利女排联赛冠军，2001 年夺得欧洲女排冠军联赛冠军，2002 年又夺得意大利联赛和杯赛双料冠军；从 2002 ~ 2003 赛季起，郎平转执教意大利诺瓦腊俱乐部，率领诺瓦腊女排夺得意大利超级杯和 2004 年意大利联赛冠军。

2008 年北京奥运会，郎平率领美国女排夺得银牌。

2009 年，郎平回国执教广东恒大女排。带领恒大女排获得 2009 ~ 2010 赛季全国女排联赛甲 B 冠军，2010 ~ 2011 赛季全国女排联赛甲 A 亚军，2011 ~ 2012 赛季全国女排联赛甲 A 冠军，2012 ~ 2013 赛季全国女排联赛甲 A 亚军。

2013 年 5 月 5 日，郎平率领恒大女排在越南夺得亚俱杯冠军。

冯坤

中国排球运动员
别名：熊猫
国籍：中国
身高：1.83 米
场上位置：二传
扣球高度：3.19 米
拦网高度：3.10 米

冯坤

冯坤，奥运冠军，前中国排球队运动员，1994 年，年仅 15 岁的冯坤正式开始了专业排球的运动生涯。曾是中国女排的主力二传，是中国队快、变战术的核心。曾夺 2003 年女排世界杯赛最佳二传手，第 12 届亚锦赛最佳二传。她的进攻能力突出，脑子灵活，有小诸葛之称。2011 ~ 2012 赛季全国女排联赛冠军。

早在 1995 年 2 月，16 岁的冯坤就进入了中国女排 19 人的大名单，并参加了柳州的大集训，但她最终落选了。当时冯坤进入北京队参加专业训练仅仅一年，落选本在她的预料之中，她没有因此而动摇，反而更加坚定了进国家队的信心和决心。

1997 年中国女排重新组队时，冯坤再次进入国家队的大名单。冯坤有着二传手难得的 1.82 米的身高和全面的基本功功底，但是由于北京女排整体水平有限，致使她传战术球的意识和能力受到影响，她也因此而再次落选。

2001 年陈忠和出任国家女排主教练后，力排众议，决心重用年轻一代二传手，将 22 岁的冯坤和 21 岁的宋妮娜推到了第一线。这一决策终于使冯坤暗自许了十年的心愿得以实现。

冯坤认为，性格要朝着事业需要的方向发展。她平时刻意放慢说话的频率，就是为了始终保持冷静的头脑和有序的思维。她说，在比赛遇到困难的时候，二传手必须冷静、沉着，给队友传达一种信息，一种必胜的信念，千万不可冲动。如果自己不知所措，战术就无法组织，大家心里就没有底了。平时训练时她力求心态平和，越是困难越要清醒，尽快寻找解决问题的方法。

冯坤不懈地追求和努力，使她逐渐具备了主力二传手的实力和一队之长的威信，并成为中国女排的领军人物。

2003 年，冯坤的运动生涯达到了第一个高峰。在当年世界杯女子排球赛上她与队友连克美国、古巴、意大利、日本等世界劲旅，以十一场全胜的战绩，为祖国夺回了阔别 17 年之久的世界冠军。

2004 年奥运会，作为队长和主力二传的冯坤率领中国女排在先失两局的险境绝地重生，最终战胜俄罗斯队，圆了 20 年之久的奥运金牌梦。

2008 年奥运会上，冯坤和中国女排获得季军。2011 年 12 月 10 日，冯坤在北京正式宣布退役，为自己 17 年的运动生涯画上了一个完美的句号。离开赛场的冯坤，成为国家体育总局排球运动管理中心训练部的官员，开始了她新的职业生涯。

主要战绩：

2001 年：亚洲女子排球锦标赛冠军；

2001 年：世界大冠军杯女子排球赛冠军、世界女排大奖赛亚军；

2002 年：世界女排锦标赛第 4 名、世界女排大奖赛亚军、釜山亚运会金牌；

2003 年：亚洲女子排球锦标赛冠军、世界杯女子排球赛冠军、世界女排大奖赛冠军；

2004 年：雅典奥运会金牌、世界女排大奖赛第 5 名；

2005 年：亚洲女子排球锦标赛冠军、世界大冠军杯女子排球赛季军、世界女排大奖赛第季军；

2006 年：世界女排锦标赛第 5 名、世界女排大奖赛第 5 名、多哈亚运会金牌；

2008 年：北京奥运会铜牌、世界女排大奖赛第 5 名。

赵蕊蕊

中国排球运动员

国籍：中国

身高：1.97 米

场上位置：副攻

扣球高度：3.26 米

拦网高度：3.15 米

1992 年 11 岁时赵蕊蕊开始在江苏省少年体校练篮球，1994 年进入八一青年排球队，1997 年进入八一排球队，1999 年入选国家女排队。

中国女排的"第一高度"，在 2003 年世界杯的技术统计排名上，赵蕊蕊的扣球列第一，拦网列第二，得分列第六，拥有 1 米 97 的身高，扣球出手点高，同时又擅打快球，拦网能力也很出色，2002 年的一次重伤几乎毁了职业生涯，但是后来进步神速，成为了队中头号得分手。

2004 年雅典奥运会上，由于在做"背飞"动作着地时右腿再次骨折，不得不结束自己的首次奥运之旅，在以后的几年里赵蕊蕊不断接受治疗，

赵蕊蕊

很快得到了恢复。在 2008 年的奥运会上，赵蕊蕊以自己娴熟的绝技、灵活的速度，与队友赢得了奥运会的铜牌。

2010 年 12 月 10 日，赵蕊蕊正式退役，离开八一体工大队，加盟央视主持少儿节目并将出书。2010 年出版第一部长篇奇幻小说《末世唤醒》，2012 年出版长篇科幻小说《彩羽侠》。

2013 年在第四届全球华语科幻星云奖最佳长篇科幻小说入围名单中，赵蕊蕊的科幻小说《彩羽侠》成功入围。至此，这位前女排国手成功转型为女作家。

主要战绩：

1999 年世界女排大奖赛总决赛第 3 名，亚洲锦标赛冠军；

2001 年世界女排大奖赛总决赛冠军；

2002 年世界女排锦标赛第 4 名；

2003 年世界女排大奖赛冠军，亚锦赛冠军，世界杯冠军；

2004 年雅典奥运会金牌；

2008 年北京奥运会铜牌。

刘亚男

中国排球运动员

别名：美女

国籍：中国

身高：1.86 米

场上位置：副攻，接应，自由人

扣球高度：3.20 米

拦网高度：3.13 米

1991 年刘亚男进入辽宁省

刘亚男

大连市业余体校，1994 年进入

辽宁青年女排队，1998 年进入国家青年队，2001 年入选国家队。

刘亚男是中国女排主力副攻手，2003 年世界杯冠军队主力成员，来自辽宁，特点是技术全面，发挥稳定，跑位灵活，擅打"背飞"、"背快"，拦网出色。早年曾经打过二传和接应二传，这也锻炼了她全面的技术。

2009 年，刘亚男选择了退役，走进了幸福的婚姻殿堂。2012 年，阔别赛场 3 年的刘亚男重新归队，与队友一起参加了 2013 年在辽宁沈阳举行的全运会。

主要战绩：

1999 年世界女排大奖赛总决赛第 3 名，亚洲锦标赛冠军；

2001 年世界女排大奖赛总决赛冠军；

2002 年世界女排大奖赛总决赛亚军，世界女排锦标赛第 4 名；

2003 年世界女排大奖赛冠军，亚锦赛冠军，女排世界杯冠军；

2004 年雅典奥运会金牌；

2005 年瑞士女排精英赛亚军，2005 年世界女排大奖赛总决赛季军，2005 年女排大冠军杯赛季军；

2006 年瑞士女排精英赛亚军，世界女排大奖赛总决赛第 5 名，世锦赛第 5 名；

2007 年瑞士女排精英赛冠军，世界女排大奖赛总决赛亚军，亚锦赛亚军；

2008 年瑞士精英赛亚军，大奖赛第 5 名，北京奥运会季军，亚洲杯冠军。

周苏红

世界顶级接应二传排球运动员

国籍：中国

别名：炮炮

身高：1.82 米

场上位置：接应二传

扣球高度：3.13 米

拦网高度：3.05 米

1990 年周苏红在浙江省长兴县少年体校开始排球训练，1994 年进入浙江省女排队，1996 年入选国家青年队，1998 年入选国家沙滩排球队，1999 年入选国家女排队。

周苏红出生于湖北，先效力江苏女排，她的职业生涯中曾经打过自

周苏红

由人、主攻，以及接应二传，在国家队，她的位置是接应二传，在2003年世界杯女排的扣球榜上，她排名第六，是中国队仅次于赵蕊蕊的扣球手，2003年联赛中，她曾经获得最佳扣球奖；而在防守中，曾经打过自由人的她是张娜之外的第二个防守点。

2005年周苏红继续随着国家队南征北战创造了不少佳绩。2006年由于受到伤病困扰，周苏红缺席了前大半赛季。

2007年获得大奖赛总决赛亚军，亚洲锦标赛亚军。2008年代表中国女排出战北京奥运会最终获得铜牌。奥运会结束后，周苏红宣布退役。

2010年9月，周苏红复出回归国家队，并带领中国女排获得了亚运会的冠军。

2011年12月，退役后一直在读书的周苏红再次复出，备战2013年的辽宁亚运会。

主要战绩：

1997年世界女排青年锦标赛第3名；

1999年世界女排大奖赛总决赛第3名，亚洲锦标赛冠军；

2001年世界女排大奖赛总决赛冠军；

2002年世界女排大奖赛总决赛亚军，世界女排锦标赛第4名；

2003年世界女排大奖赛冠军，亚锦赛冠军，世界杯冠军；

2004年雅典奥运会金牌；

2005年瑞士女排精英赛亚军，世界女排大奖赛总决赛季军，大冠军杯季军；

2006年世界女排大奖赛总决赛第5名，世锦赛第5名；

2008年北京奥运会铜牌；

2010 年世锦赛第 10 名；

2010 年广州亚运会冠军。

杨昊

中国排球运动员

国籍：中国

别名：耗子

身高：1.83 米

场上位置：主攻手

扣球高度：3.19 米

拦网高度：3.14 米

1992 年杨昊进入辽宁省体校，教练宁冬春；1994 年进入辽宁省女排队，教练孙世友；1997 年入选国家青年队，教练林榆廷；2001 年入选国家队，教练陈忠和。中国女排主力助攻手，虽然身材不高，但是力量很大，弹跳好，心理素质过硬，关键时刻敢于出手。她的得分手段多样，大力的跳发球也很有特点，曾经有"郎平第二"的美誉。

杨昊

2008 年北京奥运会之后，她选择了退役去读书。目前，杨昊已经完成了北京体育大学的学业，在北京航空航天大学工作，担任北航女排教练。

主要战绩：

1999 年世界女排大奖赛总决赛第 3 名，亚锦赛冠军；

2001 年世界女排大奖赛总决赛冠军；

2002 年世界女排大奖赛总决赛亚军，世锦赛第 4 名；

2003 年世界女排大奖赛冠军，亚锦赛冠军，世界杯冠军；

2004 年雅典奥运会金牌；

2005 年瑞士女排精英赛亚军；2005 年世界女排大奖赛总决赛季军，2005 年女排大冠军杯赛季军；

2006 年瑞士女排精英赛亚军，世界女排大奖赛总决赛第 5 名，世锦赛第 5 名；

2008 年北京奥运会铜牌。

法比亚娜

巴西排球王牌人物。

法比亚娜

英文名：Fabiana Claudino
国籍：巴西
身高：1.93 米
场上位置：副攻
扣球高度：3.14 米
拦网高度：2.93 米

法比亚娜是巴西女排现任队长，也是副攻线的绝对主力。身材高大的法比亚娜身体素质出众，3 号位的高点快球杀伤力威胁极大，拦网能力也出色。

法比亚娜已经参加了雅典和北京两届奥运会，是巴西女排队中大赛经验比较丰富的球员。2008 年北京奥运会，作为主力副攻出战的法比亚娜与队友合作首次夺冠。此后，法比亚娜一直稳坐巴西女排主力副攻位置。2011～2012 赛季，法比亚娜加盟了土耳其费内巴切俱乐部征战土耳其联赛，费内巴切主帅也是巴西女排主帅吉马良斯。法比亚娜与索科洛娃、金延璟、汤姆等名将合作获得欧冠联赛冠军。2012 年伦敦奥运会，法比亚娜第三度踏上奥运之旅。

主要战绩：

2002 年 世界女排锦标赛第 7 名；

2003 年 世界杯女子排球赛亚军、世界女排大奖赛第 7 名；

2004 年 雅典奥运会第 4 名、世界女排大奖赛冠军；

2005 年 世界大冠军杯女子排球赛冠军，世界女排大奖赛冠军；

2006 年 世界女排锦标赛亚军，世界女排大奖赛冠军；

2007 年 世界杯女子排球赛亚军，世界女排大奖赛第 5 名；

2008 年 北京奥运会金牌，世界女排大奖赛冠军；

2009 年 世界大冠军杯女子排球赛亚军，世界女排大奖赛冠军；

2010 年 世界女排锦标赛亚军，世界女排大奖赛亚军；

2011 年 世界杯女子排球赛第 5 名，世界女排大奖赛亚军；

2012 年 世界女排大奖赛亚军，伦敦奥运会冠军。

帕乌拉

巴西主攻线上的老将

英文名：Paula Pequeno

国籍：巴西

身高：1.84 米

场上位置：主攻

扣球高度：3.02 米

拦网高度：2.85 米

帕乌拉是巴西女排主攻线上的老将，攻防全面的她长期占据着巴西女排主攻的位置。尽管身材不是很高，

帕乌拉

但是帕乌拉的手法以及经验都非常老道。2004～2006 年巴西女排连续三年夺得世界女排大奖赛的冠军，帕乌拉都是主力并且在 2005 年荣膺最有价值球员奖。

2008 年北京奥运会，帕乌拉与弗法奥、法比亚娜、谢拉等队友合作在决赛中 3：1 力克美国首次夺得三大赛的冠军，帕乌拉本人也荣膺最有价值球员奖。此后，帕乌拉因伤错过了 2010 年世锦赛，2011 年世界杯巴西队整体表现不佳只获得第 5 名。尽管巴西女排已过巅峰时期，但帕乌拉依旧是巴西女排的主力。2012 年，巴西女排踏上卫冕征程，帕乌拉也再一次踏上了奥运之旅。

主要战绩：

2002 年世锦赛第 7 名；

2004 年世界女排大奖赛冠军；

2005 年世界女排大奖赛冠军（MVP）；

2006 年世界女排大奖赛冠军；

2006 年世锦赛亚军；

2008 年世界女排大奖赛冠军；

2008 年北京奥运会冠军（MVP）；

2011 年世界杯第 5 名；

2012 年伦敦奥运会冠军。

谢拉

巴西女排的进攻核心

英文名：Sheilla Castro

国籍：巴西

身高：1.85 米

场上位置：接应二传

扣球高度：3.02 米

拦网高度：2.84 米

谢拉是一名技术型的接应，她的优势在于手臂长，身体协调性好，脚步灵活，反应敏捷，扣球手法多样，具有敏锐的观察能力，能够将扣球线路的变化与打手出界、打吊结合等战术完美地结合在一起。她的发球也很有特点，能够将大力跳发球和长线跳飘球相结合，以线路

谢拉

刁钻、技巧多变取胜。谢拉的滞空能力强，加之击球点高，扣球经常是落地开花直接得分，她的拦网也不错，判断准确，对手很难顺利通过。谢拉是一个攻防均衡、技术全面且有特点的队员，也是让对手极为头疼、重点盯防的对象。

2005 年是谢拉职业生涯的转折点，她先后代表巴西女排获得瑞士女排精英赛，世界女排大奖赛，南美女排锦标赛，世界女排大冠军杯的冠军，并凭借出色的表现崭露头角，得到世界许多顶级排球俱乐部赏

识。由于意大利排球联赛的高技战术性和纯粹职业化，谢拉首选了佩塞洛俱乐部。在世界最高水平的意大利联赛里打球，使得她的能力越来越强，如今的谢拉已经成为女子排坛颇具实力的明星。

主要战绩：

2001 年世界青年女子排球锦标赛冠军；

2002 年世界锦标赛第 7 名；

2005 年瑞士女排精英赛冠军；

2005 年世界女排大奖赛冠军；

2005 年世界女排大冠军杯赛冠军（最有价值球员）；

2006 年瑞士女排精英赛冠军；

2006 年世界女排大奖赛冠军；

2006 年世界锦标赛亚军；

2007 年世界女排大奖赛第 5 名；

2007 年世界杯亚军；

2008 年北京奥运会冠军；

2008 年世界女排大奖赛冠军；

2009 年世界大冠军杯女子排球赛亚军，世界女排大奖赛冠军；

2010 年世界女排锦标赛亚军，世界女排大奖赛亚军；

2011 年世界杯第 5 名，世界女排大奖赛亚军；

2012 年伦敦奥运会冠军，世界女排大奖赛亚军。

杰奎琳·卡瓦霍

典型的兴奋型球员

英文名：Jaqueline Carvalho

国籍：巴西

身高：1.86 米

场上位置：主攻

扣球高度：3.02 米

拦网高度：2.86 米

杰奎琳出生于里约热内卢，小时候接触最多的是足球。直到 9 岁那年，她的父亲才给她买第一个排球，而她的排球运动也是从沙滩排球开始的。由于天赋出色，杰奎琳很快展现了自己在排球项目上的实力。17岁那年，她就入选了巴西女排的国家队，成为那届国家队里最年轻的选手。

杰奎琳是典型的兴奋型球员，她在场上比赛气质突出，拼劲十足，让巴西女排更具活力。尽管她的强攻绝对实力有限，但是相对全面的技术还是让其成为巴西女排的绝对主力。

2007年，在杰奎琳深陷兴奋剂风波的三个月中，巴西女排的成绩一落千丈，在世界女排大奖赛总决赛中，巴西女排跌至谷底，仅仅获得第5名。日本女排世界杯赛，杰奎琳解禁复出，她的回归

杰奎琳

盘活了整个巴西女排，尽管未能夺冠，但确保了北京奥运会的入场券，这也证明了杰奎琳的价值。在2008年北京奥运会上巴西女排赢得了冠军。

主要战绩：

2005年瑞士女排精英赛冠军；

2005年世界女排大奖赛冠军；

2005年世界女排大冠军杯赛冠军；

2006年瑞士女排精英赛冠军；

2006年世界女排大奖赛冠军；

2006年世界锦标赛亚军；

2007年世界女排大奖赛第5名；

2007年世界杯亚军；

2008年北京奥运会冠军；

2008年世界女排大奖赛冠军；

2012年伦敦奥运会冠军。

梅尔库洛娃

俄罗斯女排的头号主力

英文名：Yulia Merkulova

国籍：俄罗斯

身高：2.02 米

场上位置：副攻

扣球高度：3.17 米

拦网高度：3.08 米

梅尔库洛娃如今已经成为俄罗斯女排的头号主力，13 岁开始打排球的她，先是在水平不是很高的国内俱乐部打联赛，后来被意大利籍教练吉奥瓦尼－卡帕拉拉慧眼识珠召进国家队，从此这个小姑娘便开始了神奇之旅。

梅尔库洛娃

从最初的青涩不成熟，屡次出现失误，到 2006 年末代表俄罗斯队获得了阔别 16 年的世界冠军，她有了质的飞跃。由于身高和主攻加莫娃相同，都为 2.02 米，所以人们称她们为"双塔"，任何球队面对这样高大的拦网，都是心有余悸的。连陈忠和都很羡慕俄罗斯女排得天独厚的身体条件，并预言梅尔库洛娃将成为中国队最可怕的对手。

主要战绩：

2006 年世锦赛冠军；

2008 年北京奥运会第 5 名；

2010 年世界女排锦标赛冠军。

拉西奇

塞尔维亚女排副攻位置上的后起之秀

英文名：Milena Rasic

国籍：塞尔维亚

身高：1.93 米

场上位置：副攻

扣球高度：3.03 米

拦网高度：2.93 米

在老将西塔科维奇淡出、维利科维奇受到伤病困扰之时，拉西奇成功抓住机会成为塞尔维亚的主力副攻。身高 1 米 93 的她有着较强的网上控制力，特别是犀利的进攻使她成为塞尔维亚队不可或缺的选手，在 2011 年世界女排大奖赛上荣膺最佳扣球，拉西奇还以主力身份征战了 2011 年欧锦赛并帮助球队获得欧锦赛冠军。在 2011 年世界杯上，塞尔维亚队整体表现欠佳，但拉西奇犀利的进攻堪称塞尔维亚队鲜有的亮点。

拉西奇

2011 ~ 2012 赛季，拉西奇加盟法国戛纳俱乐部，帮助球队夺得法国女排联赛的冠军并收获欧冠联赛亚军。2012 ~ 2013 赛季，拉西奇与戛纳续约。

2012 年伦敦奥运女排落选赛暨亚洲区资格赛，拉西奇一度在比赛中受伤，后来慢慢调整并在收官战中首发出场打满全场，帮助塞尔维亚队击败日本跻身三甲获得伦敦奥运会参赛资格，最终获得奥运会第 11 的名次。

主要战绩：

2011 年世界女排大奖赛季军；

2011 年欧洲女排锦标赛冠军；

2011 年世界杯第 7 名；

2011 ~ 2012 赛季女排欧冠联赛亚军；

2011 ~ 2012 赛季法国女排联赛冠军；

2012 年伦敦奥运女排落选赛暨亚洲区资格赛季军，伦敦奥运会第十一名。

竹下佳江

世界著名二传手

英文名：Yoshie Takeshita

国籍：日本

身高：1.59 米

场上位置：二传

扣球高度：2.80 米

拦网高度：2.70 米

竹下佳江出生于日本福冈县北九州市，1997 年首次入选日本国家女排，并多次担任队长。身高仅为 1 米 59 的竹下佳江传球技术堪称世界一流，也是世界上非常著名的二传手。

竹下佳江

作为老将，竹下佳江参加了 2004 年雅典奥运会和 2008 年北京奥运会两届奥运会。日本女排近年来重新崛起，除了木村纱织、江畑幸子等年轻选手冒出来外，竹下佳江的妙手组织功不可没。日本女排在 2010 年世锦赛和 2011 年世界杯上分别夺得季军和第 4 名，世界排名跃升至第三，这些都与竹下佳江分不开。

竹下佳江的防守和拼劲儿以及比赛气质颇佳，很有大将风范。尽管近年来荒木绘里香出任队长，但竹下佳江的核心作用毋庸置疑。日本女排顺利获得伦敦奥运会的入场券，竹下佳江第三度征战奥运会。并获得了奥运会第 3 名的好成绩。

主要战绩：

2003 年日本世界杯第 5 名；

2004 年希腊雅典奥运会第 5 名；

2006 年日本世界女排锦标赛第 6 名；

2008 年世界女排大奖赛第 6 名；

2008 年中国北京奥运会第 5 名；

2009 年世界女排大奖赛第 6 名；

2010 年世界女排大奖赛第 5 名；

2010 年世界锦标赛季军；

2011 年世界女排大奖赛第 5 名；

2011 年世界杯第 4 名；

2012 年伦敦奥运会季军。

皮奇尼尼

当今排坛最亮丽的一颗明星

英文名：Francesca Piccinini

别名：皮奇、皮萨

国籍：意大利

身高：1.84 米

场上位置：主攻手

扣球高度：3.04 米

拦网高度：2.79 米

皮奇尼尼

1979 年 1 月 10 日皮奇尼尼出生于意大利的小城马萨，在意大利，她被众口一词地称为"排球性感女王"。这位金发娇娃不仅排球打得好，4 号位"平拉开"经常让对手心惊胆寒，身材更是性感非凡。皮奇尼尼在意大利的受欢迎程度完全可以与足球明星相媲美。皮西尼尼从小就喜欢排球，逐渐成长为一位超级巨星，被意大利人亲切地称为"排球女王"。

2002 年的排球世界锦标赛，意大利女队以她们高度与速度并重的立体化打法搅乱了整个排坛，从 1/4 比赛开始，韩国、中国、美国三支打法不同的球队就纷纷被她们"斩落马下"。那届比赛，虽然 MVP 托古特如入无人之境的后排进攻是意大利队获胜的法宝，但是皮奇尼尼也可谓居功至伟，她快速的平拉开以及 4 号位强攻多变的手形都给众多排球迷留下了深刻的印象。

意大利女排在获得 2002 年世界女排锦标赛冠军之后，一跃成为世界一流强队。而意大利的崛起和皮奇尼尼的出现是分不开的，这位大胆的姑娘作为球队的主攻手，担负起了为球队攻城拔寨的任务。但她们在

2003 年本土举行的世界女排大奖赛上只取得了令人失望的第 5 名，世界冠军的风采丝毫不见。更让人大跌眼镜的是她们和俄罗斯队都在欧锦赛上无缘四强，最后仅凭借国际排联的外卡才获得了世界杯的参赛资格。不过皮奇尼尼依然是意大利队阵中最闪亮一颗明星，继续奋战在世界各大赛场上。

主要战绩：

2002 年世界排球锦标赛冠军；

2007 年世界杯排球赛冠军；

2011 年欧洲女排锦标赛第 4 名；

2012 年伦敦奥运会第 5 名。

内斯里汉

土耳其女排的得分利器

英文名：Neslihan Demir Darnel

国籍：土耳其

身高：1.87 米

场上位置：接应二传

扣球高度：3.15 米

拦网高度：3.06 米

内斯里汉是土耳其最著名的球星，2003 年，年仅 19 岁的内斯里汉代表土耳其征战欧锦赛并最终帮助球队夺得亚军，一战成名。内斯里汉有着出色的跳发球和强有力的进攻，还拥有清新脱俗的天使面孔，成为世界排坛的美女明星。

内斯里汉

内斯里汉领衔的土耳其女排近年来也屡创佳绩，2010 年世锦赛曾带领土耳其女排 3∶1 力克中国队。尽管土耳其未能打进四强，但她的个人得分能力依旧傲视群芳，成为 2006 年和 2010 年两届世锦赛的最佳得分球员。内斯里汉也是欧洲排坛最具号召力的球星。

2012 年伦敦奥运欧洲区女排资格赛，内斯里汉带领土耳其队勇夺

冠军，首次获得奥运会的入场券，这也终于圆了这位明星球员的奥运
梦想。

主要战绩：

2003 年 欧洲女排锦标赛亚军；

2003 年 女排世界杯第 7 名；

2006 年 世界女排锦标赛第 10 名 荣膺最佳得分奖；

2010 年 世界女排锦标赛第 6 名 荣膺最佳得分奖；

2011 年 欧洲女排锦标赛季军；

2011～2012 赛季土耳其女排联赛 冠军（伊萨奇巴希俱乐部）；

2012 年 伦敦奥运会欧洲区资格赛冠军，奥运会第 6 名。

沙　排

田佳

身高：1.78 米

体重：67 千克

籍贯：天津

田佳曾与张静坤合作，在 2000 年
奥运会取得第 19 名。在中国第一组合
迟蓉/熊姿因熊姿上调国家女排而解散
后，田佳/王洁逐渐成为中国女子沙滩
排球的第一搭档，最好成绩是 2003 年
世界女子沙滩排球巡回赛印度尼西亚、
意大利站冠军（世界排名第 5）。

2010 年，全国沙滩排球巡回赛
中，田佳与队友王菲获得冠军，这是
田佳的最后一次比赛，这次比赛的成

田佳

功，为她十余年的辉煌运动生涯画上了完美的句号。

主要战绩：

2000 年悉尼奥运会，与张静坤合作，获第 19 名；

2002 年釜山亚运会，与王菲合作，获金牌；

2003 年世界沙滩排球巡回赛，与王菲合作，获两站冠军；

2004 年雅典奥运会，与王菲合作，获第 9 名；

2006 年世界沙滩排球巡回赛，与王洁合作，获两站冠军；

2007 年世界沙滩排球巡回赛上海站，与王洁合作，获冠军；

2008 年世界沙滩排球巡回赛上海站，与王洁合作，第 9 名；

2008 年世界沙滩排球巡回赛大阪站，与王洁合作，获亚军；

2008 年世界沙滩排球巡回赛柏林站，与王洁合作，获亚军；

2008 年世界沙滩排球巡回赛莫斯科站，与王洁合作，获季军；

2008 年世界沙滩排球巡回赛格斯塔德站，与王洁合作，获亚军；

2008 年北京奥运会女子沙滩排球比赛，与王洁合作，获亚军；

2010 年全国沙滩排球巡回赛与王菲合作，获冠军。

薛晨

身高：1.90 米

体重：65 千克

籍贯：福建

薛晨 10 岁时在福建少体校练室内排球，3 年后改练沙排。在 2006 年上海公开赛上，取得女子沙排冠军。在北京奥运会上，薛晨/张希两人合作，夺得铜牌。

主要战绩：

2006 年世界沙滩排球巡回赛，与张希合作，获两站冠军；

2008 年世界沙滩排球巡回赛上海金山站，与张希合作，获得季军；

薛晨

2008 年世界沙滩排球巡回赛汉城公开赛，与张希合作，获得冠军；

2008 年世界沙滩排球巡回赛大阪公开赛，与张希合作，获得季军；

2008 年世界沙滩排球巡回赛莫斯科公开赛，与张希合作，获得冠军；

2008 年世界沙滩排球巡回赛格斯塔德公开赛，与张希合作，获得季军；

2008 年北京奥运会沙滩排球赛事，与张希合作，获得季军；

2011 年世界沙滩排球大满贯赛瑞士站，与张希合作，获得女子组亚军；

2012 年世界沙排巡回赛三亚站，与张希合作，获得季军；

2013 年世界沙排锦标赛与张希合作，获得冠军。

张希

身高：1.85 米

体重：68 千克

籍贯：江苏

2000 年进入江苏省女排，后转入省沙滩排球队。由于进步飞快，身高达 1.85 米的张希于 2002 年入选国家女子沙滩排球队，并很快成为国际女子沙排中不可多得的"金左手"，此时张希已具备很强的身体素质，而且协调性、柔韧性、速度和爆发力都比较突出，尤其是她的左撇子发球、扣球，具有先天优势，速度达到每小时 80～100 千米，与世界一流选手的速度相似，这些成为她克敌制胜的"撒手锏"。

张希

主要战绩：

2006 年世界沙滩排球巡回赛，与薛晨合作，获两站冠军；

2008 年世界沙滩排球巡回赛上海金山站，与薛晨合作，获得季军；

2008 年世界沙滩排球巡回赛汉城公开赛，与薛晨合作，获得冠军；

2008 年世界沙滩排球巡回赛大阪公开赛，与薛晨合作，获得季军；

2008 年世界沙滩排球巡回赛莫斯科公开赛，与薛晨合作，获得冠军；

2008 年世界沙滩排球巡回赛格斯塔德公开赛，与薛晨合作，获得季军；

2008 年北京奥运会沙滩排球比赛，与薛晨合作，获得季军；

2011 年世界沙滩排球大满贯瑞士站，与薛晨合作，获得女子组亚军；

2012 年世界沙排巡回赛三亚站，与薛晨合作，获得季军；

2013 年世界沙排锦标赛，与薛晨合作，获得冠军。

吴鹏根

出生日期：1982 年 5 月 7 日

身高：1.98 米

体重：80 千克

籍贯：江苏

1997 年进入南通体校，1998 年进入江苏省队，2005 年首次入选国家队，吴鹏根/徐林胤是中国男子沙滩排球的新组合，

吴鹏根

合，在 2006 年国际排联系列大奖赛中取得了不错的成绩，先后获得波兰公开赛第 3 名和墨西哥公开赛的第 4 名，这两个成绩都是中国男选手在国际沙排比赛中的最好成绩。如今，吴鹏根与队员徐林胤继续奋战在各大世界赛场上。

主要战绩：

2006 年世界沙滩排球巡回赛，与徐林胤合作，获得一站季军；

2008 年世界沙滩排球巡回赛上海金山站，与徐林胤合作，获得

亚军；

2008 年世界沙滩排球巡回赛克罗地亚站，与徐林胤合作，获得
亚军；

2008 年世界沙滩排球巡回赛莫斯科站，与徐林胤合作，获得亚军；

2008 年北京奥运会沙滩排球赛事，与徐林胤合作，进入 16 强；

2010 年十六届广州亚运会，与徐林胤合作，获得冠军；

2010 年世界排球大满贯莫斯科站，与徐林胤合作，获得冠军。

徐林胤

身高：2.02 米
体重：76 千克
籍贯：上海

徐林胤生于一个体育世家，父亲是手球运动员，母亲是排球运动员。受此影响，徐林胤比同龄人要高出许多。7 岁开始在虹口区三中心小学参加排球训练，12 岁进入虹口区复兴中学继续参加排球训练，15 岁被选入虹口复兴高级中学与上海市少体校联办的二线队伍。在 2001 年的全国少年比赛上，头脑灵活，反应敏捷的徐林胤凭

徐林胤

着出众的弹跳能力、良好的身体条件、不俗的技术被国家沙排男队主教练缪志红一眼相中，2002 年 2 月，在中国排协沙滩专项委员会副主任委员、前中国女排主教练李耀先的安排下，排管中心一纸批文将徐林胤直接从上海市少体校调入国家沙滩男排，这是所有运动员梦寐以求的罕见"三级跳"。2003 年，在资金紧缺时，仍然派他和前搭档徐强参加了七站世界巡回赛。尽管成绩不很理想，但通过与世界强手的交锋，让他们开阔了眼界。2004 年，他在比赛中慢慢积累了经验并从中逐渐成熟起来，2005 年他和徐强不仅成功夺得国内巡回赛的总冠军，而且取得

了亚洲锦标赛的冠军。最重要的是，他参加了 9 站巡回赛，有 5 站进入正选赛，从那时便慢慢在国际比赛中崭露头角。现在徐林胤和吴鹏根组合在世界排名第 6 名。

主要战绩：

2006 年世界沙滩排球巡回赛，与吴鹏根合作，获得一站季军；

2008 年世界沙滩排球巡回赛上海金山站，与吴鹏根合作，获得亚军；

2008 年世界沙滩排球巡回赛克罗地亚站，与吴鹏根合作，获得亚军；

2008 年世界沙滩排球巡回赛莫斯科站，与吴鹏根合作，获得亚军；

2008 年北京奥运会沙滩排球赛事，与吴鹏根合作，进入 16 强；

2010 年十六届广州亚运会，与吴鹏根合作，获得冠军；

2010 年世界排球大满贯莫斯科站，与吴鹏根合作，获得冠军。

米斯蒂·梅

美国优秀的沙排运动员

英文名：Misty May

国籍：美国

身高：1.75 米

米斯蒂·梅出身体育世家。父亲与网球名将达文波特的父亲是队友，曾参加过 1968 年墨西哥城奥运会的男排比赛。继母芭芭拉的堂弟泰勒·邓特代表美国队参加了 2004 年奥运会网球比赛。梅 1999 年先从室内排球练起，后转向沙滩排球，2004 年夺得雅典奥运会金牌。

米斯蒂·梅

在 2008 年北京奥运会上，梅和沃尔什击败中国搭档田佳/王洁获得冠军。2012 年伦敦奥运会上她和搭档再次获得冠军。

主要战绩：

2000 年悉尼奥运会第 5 名（与麦克皮克）；

2001 年世锦赛第 9 名（与沃尔什）；

2003 年世锦赛冠军（与沃尔什）；

2004 年雅典奥运会金牌（与沃尔什）；

2005 年世锦赛冠军（与沃尔什）；

2007 年世锦赛冠军（与沃尔什）；

2008 年北京奥运会冠军（与沃尔什）；

2010 年泰国公开赛冠军；

2011 年沙排世锦赛亚军；

2012 年世界沙排大满贯俄罗斯站亚军；

2012 年伦敦奥运会冠军（与沃尔什）。

克丽·沃尔什

最好的沙滩排球女选手

英文名：Kerri Walsh

别名：Six Feet of Sunshine

国籍：美国

身高：1.91 米

专业特长：主攻

克丽·沃尔什是 2003 和 2004 赛季的最有价值球员得主，也是过去四个赛季最佳球队的一员。2003 年她被评为最佳进攻球员，并连续两个赛季被评为最佳扣球、最佳拦网、年度最佳球员。

主要战绩：

2000 年奥运会第 4 名；

2001 年沙排年度最佳新人奖；

2003 年世锦赛冠军；

2003 年与搭档米斯蒂·梅合作在全美 AVP 联赛中取得 21 胜 0 负的

克丽·沃尔什

不败战绩；

2004 年奥运会金牌；

2005 年世锦赛冠军；

2007 年世锦赛冠军；

2008 年奥运会金牌；

2012 年伦敦奥运会冠军（与米斯蒂·梅）。

里卡多·阿列克斯·桑托斯

被誉为"拦网机器"

英文名：Ricardo Alex Santos

别名：拦网机器

国籍：巴西

身高：1.85 米

专业特长：拦网

在没有任何室内排球比赛经历的情况下，桑托斯 19 岁开始参加沙滩排球比赛。到 2000 年的时候，他和他的搭档马克已经名列世界排名前两位，夺得悉尼奥运会的沙滩排球比赛银牌。2003 年，桑托斯开始与埃曼纽尔·雷戈搭档，并夺取了世界沙滩排球锦标赛冠军。2004 年雅典奥运会上，桑托斯和埃曼纽尔·

里卡多·阿列克斯·桑托斯

雷戈一路顺利地杀到决赛，并最终夺取男子沙滩排球的奥运金牌。在 2008 年北京奥运会上获得铜牌。

主要成绩：

2000 年澳大利亚悉尼奥运会亚军；

2003 年世界锦标赛冠军；

2004 年雅典奥运会金牌；

2006 年国际沙排各站巡回赛冠军；

2007 年国际沙排各站巡回赛冠军；

2008 年北京奥运会铜牌。

马里奥·阿罗约

巴西著名沙排运动员

英文名：Marcio Araujo

国籍：巴西

身高：1.92 米

专业特长：二传

他曾经和法比奥·鲁伊兹搭档，夺
得过 2005 年沙滩排球世锦赛的冠军。
在 2003 年，马里奥·阿罗约还和本杰
明·因斯弗兰配合，摘得过沙排世锦赛
的铜牌。

在 2008 年的北京奥运会上，马里
奥·阿罗约和法比奥·鲁伊兹合作，获
得了男子沙滩排球的银牌。在决赛中，
他们不敌美国组合托德·罗杰斯和菲利
普·达豪瑟。

马里奥·阿罗约

主要成绩：

2003 年世界沙滩排球锦标赛男子季军；

2005 年世界沙滩排球锦标赛男子冠军；

2008 年北京奥运会男子沙滩排球亚军。

PART 13 历史档案

排　球

历届世界女排大奖赛成绩

　　世界女排大奖赛是国际排球联合会（FIVB）一年一度举办的世界级排球品牌赛事。该项赛事创立于 1993 年，以分站赛事成绩决定参加总决赛（决赛周）的名单，总决赛优胜者便是整个赛事的总冠军。

　　1993 年第一届世界女排大奖赛古巴队获得冠军

　　1994 年第二届世界女排大奖赛巴西队获得冠军

　　1995 年第三届世界女排大奖赛美国队获得冠军

　　1996 年第四届世界女排大奖赛巴西队获得冠军

　　1997 年第五届世界女排大奖赛俄罗斯队获得冠军

　　1998 年第六届世界女排大奖赛巴西队获得冠军

　　1999 年第七届世界女排大奖赛俄罗斯队获得冠军

　　2000 年第八届世界女排大奖赛古巴队获得冠军

　　2001 年第九届世界女排大奖赛美国队获得冠军

　　2002 年第十届世界女排大奖赛俄罗斯队获得冠军

　　2003 年第十一届世界女排大奖赛中国队获得冠军

　　2004 年第十二届世界女排大奖赛巴西队获得冠军

　　2005 年第十三届世界女排大奖赛巴西队获得冠军

　　2006 年第十四届世界女排大奖赛巴西队获得冠军

　　2007 年第十五届世界女排大奖赛荷兰队获得冠军

2008 年第十六届世界女排大奖赛巴西队获得冠军

2009 年第十七届世界女排大奖赛巴西队获得冠军

2010 年第十八届世界女排大奖赛美国队获得冠军

2011 年第十九届世界女排大奖赛美国队获得冠军

2012 年第二十届世界女排大奖赛美国队获得冠军

历届世界排球锦标赛成绩

世界排球锦标赛是由世界排球联合会主办的国际排球比赛，是排球最早的、规模最大的世界性比赛，每 4 年举行一届，受到各国普遍重视。原与奥运会同年举行，1962 年起改在奥运会后第 2 年举行（女子第五届除外）。冠军获得者可直接参加下届奥运会。

女子成绩

1952 年第一届苏联莫斯科世锦赛（参赛队 8 支）：

1. 苏联　2. 波兰　3. 捷克斯洛伐克　4. 保加利亚　5. 罗马尼亚

6. 匈牙利　7. 法国　8. 印度

1956 年第二届法国巴黎世锦赛（参赛队 16 支）：

1. 苏联　2. 罗马尼亚　3. 波兰　4. 捷克斯洛伐克　5. 保加利亚

6. 中国　7. 民主德国　8. 朝鲜

1960 年第三届巴西里约热内卢世锦赛（参赛队 10 支）：

1. 苏联　2. 日本　3. 捷克斯洛伐克　4. 波兰　5. 巴西　6. 美国

7. 秘鲁　8. 阿根廷

1962 年第四届苏联莫斯科世锦赛（参赛队 14 支）：

1. 日本　2. 苏联　3. 波兰　4. 罗马尼亚　5. 捷克斯洛伐克

6. 保加利亚　7. 民主德国　8. 巴西

1967 年第五届日本东京世锦赛（参赛队 4 支）：

1. 日本　2. 美国　3. 韩国　4. 秘鲁

1970 年第六届保加利亚瓦尔纳世锦赛（参赛队 16 支）：

1. 苏联　2. 日本　3. 朝鲜　4. 匈牙利　5. 捷克斯洛伐克　6. 保加利亚　7. 罗马尼亚　8. 古巴

1974 年第七届墨西哥瓜达拉加拉世锦赛（参赛队 23 支）：

1. 日本　2. 苏联　3. 韩国　4. 民主德国　5. 罗马尼亚　6. 匈牙利　7. 古巴　8. 秘鲁

1978 年第八届苏联列宁格勒世锦赛（参赛队 23 支）：

1. 古巴　2. 日本　3. 苏联　4. 韩国　5. 美国　6. 中国　7. 巴西 8. 民主德国

1982 年第九届秘鲁利马世锦赛（参赛队 23 支）：

1. 中国　2. 秘鲁　3. 美国　4. 日本　5. 古巴　6. 苏联　7. 韩国 8. 巴西

1986 年第十届捷克斯洛伐克普拉哈世锦赛（参赛队 16 支）：

1. 中国　2. 古巴　3. 秘鲁　4. 民主德国　5. 苏联　6. 巴西 7. 日本　8. 韩国

1990 年第十一届中国北京世锦赛（参赛队 16 支）：

1. 苏联　2. 中国　3. 美国　4. 古巴　5. 韩国　6. 秘鲁　7. 巴西 8. 日本

1994 年第十二届巴西圣保罗世锦赛（参赛队 16 支）：

1. 古巴　2. 巴西　3. 俄罗斯　4. 韩国　5. 德国　6. 美国　7. 日本 8. 中国

1998 年第十三届日本东京世锦赛（参赛队 16 支）：

1. 古巴　2. 中国　3. 俄罗斯　4. 巴西　5. 意大利　6. 克罗地亚 7. 荷兰　8. 日本

2002 年第十四届德国世锦赛（参赛队 24 支）：

1. 意大利　2. 美国　3. 俄罗斯　4. 中国　5. 古巴　6. 韩国 7. 巴西　8. 保加利亚

2006 年第十五届日本世锦赛（参赛队 24 支）：

1. 俄罗斯　2. 巴西　3. 塞尔维亚和黑山　4. 意大利　5. 中国 6. 日本　7. 古巴　8. 荷兰

男子成绩

1949 年第一届捷克斯洛伐克布拉格世锦赛（参赛队 10 支）：

1. 苏联　2. 捷克斯洛伐克　3. 保加利亚　4. 罗马尼亚　5. 波兰 6. 法国　7. 匈牙利　8. 意大利

1952 年第二届苏联莫斯科世锦赛（参赛队 11 支）：

1. 苏联　2. 捷克斯洛伐克　3. 保加利亚　4. 罗马尼亚　5. 匈牙利　6. 法国　7. 波兰　8. 印度

1956 年第三届法国巴黎世锦赛（参赛队 24 支）：

1. 捷克斯洛伐克　2. 罗马尼亚　3. 苏联　4. 波兰　5. 保加利亚　6. 美国　7. 法国　8. 匈牙利

1960 年第四届巴西里约热内卢世锦赛（参赛队 14 支）：

1. 苏联　2. 捷克斯洛伐克　3. 罗马尼亚　4. 波兰　5. 巴西　6. 匈牙利　7. 美国　8. 日本

1962 年第五届苏联莫斯科世锦赛（参赛队 19 支）：

1. 苏联　2. 捷克斯洛伐克　3. 罗马尼亚　4. 保加利亚　5. 日本　6. 波兰　7. 匈牙利　8. 南斯拉夫

1966 年第六届捷克斯洛伐克布拉格世锦赛（参赛队 22 支）：

1. 捷克斯洛伐克　2. 罗马尼亚　3. 苏联　4. 民主德国　5. 日本　6. 波兰　7. 保加利亚　8. 南斯拉夫

1970 年第七届保加利亚索非亚世锦赛（参赛队 24 支）：

1. 民主德国　2. 保加利亚　3. 日本　4. 捷克斯洛伐克　5. 波兰　6. 苏联　7. 罗马尼亚　8. 比利时

1974 年第八届墨西哥墨西哥城世锦赛（参赛队 24 支）：

1. 波兰　2. 苏联　3. 日本　4. 民主德国　5. 捷克斯洛伐克　6. 罗马尼亚　7. 保加利亚　8. 古巴

1978 年第九届意大利罗马世锦赛（参赛队 24 支）：

1. 苏联　2. 意大利　3. 古巴　4. 韩国　5. 捷克斯洛伐克　6. 巴西　7. 中国　8. 波兰

1982 年第十届阿根廷布宜诺斯艾利斯世锦赛（参赛队 24 支）：

1. 苏联　2. 巴西　3. 阿根廷　4. 日本　5. 保加利亚　6. 波兰　7. 中国　8. 韩国

1986 年第十一届法国巴黎世锦赛（参赛队 16 支）：

1. 美国　2. 苏联　3. 保加利亚　4. 巴西　5. 古巴　6. 法国　7. 阿根廷　8. 捷克斯洛伐克

1990 年第十二届巴西里约热内卢世锦赛（参赛队 16 支）：

1. 意大利　2. 古巴　3. 苏联　4. 巴西　5. 保加利亚　6. 阿根廷　7. 荷兰　8. 法国

1994 年第十三届希腊雅典世锦赛（参赛队 16 支）：

1. 意大利　2. 荷兰　3. 美国　4. 古巴　5. 巴西　6. 希腊　7. 俄罗斯　8. 韩国

1998 年第十四届日本东京世锦赛（参赛队 24 支）：

1. 意大利　2. 南斯拉夫　3. 古巴　4. 巴西　5. 俄罗斯　6. 荷兰　7. 保加利亚　8. 西班牙

2002 年第十五届阿根廷世锦赛（参赛队 24 支）：

1. 巴西　2. 俄罗斯　3. 法国　4. 南斯拉夫　5. 意大利　6. 阿根廷　7. 希腊　8. 葡萄牙

2006 年第十六届日本世锦赛（参赛队 24 支）：

1. 巴西　2. 波兰　3. 保加利亚　4. 塞尔维亚和黑山　5. 意大利　6. 法国　7. 俄罗斯　8. 日本

2010 年第十七届意大利世锦赛（参赛队 24 支）：

1. 巴西　2. 古巴　3. 塞尔维亚　4. 意大利　5. 俄罗斯　6. 美国　7. 保加利亚　8. 德国

历届世界杯排球比赛成绩

这项赛事的前身是"三大洲"排球赛，即（亚、欧、美）三大洲。1964 年国际排联将其更名为"世界杯"排球赛，并决定于 1965 年 9 月在波兰举行首届世界杯男子排球赛，1973 年在乌拉圭举办第一届世界杯女子排球赛。世界杯是由全球高水平的男、女球队参加的国际性的排球比赛，每四年举办一次。自从 1991 年世界杯赛被改为在奥运会的前一年举行，相当于是奥运会的资格赛。获得前三名的队伍则有资格进入奥运会。

女子成绩

1973 年第一届乌拉圭蒙得维地亚世界杯（参赛队 10 支）：

1. 苏联　2. 日本　3. 韩国　4. 秘鲁　5. 古巴　6. 美国　7. 加拿大　8. 阿根廷　9. 巴西　10. 乌拉圭

1977 年第二届日本东京世界杯（参赛队 8 支）：

1. 日本　2. 古巴　3. 韩国　4. 中国　5. 秘鲁　6. 匈牙利　7. 美国　8. 苏联

1981 年第三届日本大阪世界杯（参赛队 8 支）：

1. 中国　2. 日本　3. 苏联　4. 美国　5. 韩国　6. 古巴　7. 保加利亚　8. 巴西

1985 年第四届日本东京世界杯（参赛队 8 支）：

1. 中国　2. 古巴　3. 苏联　4. 日本　5. 秘鲁　6. 巴西　7. 韩国　8. 突尼斯

1989 年第五届日本名古屋世界杯（参赛队 8 支）：

1. 古巴　2. 苏联　3. 中国　4. 日本　5. 秘鲁　6. 民主德国　7. 韩国　8. 加拿大

1991 年第六届日本大阪世界杯（参赛队 12 支）：

1. 古巴　2. 中国　3. 俄罗斯　4. 美国　5. 秘鲁　6. 韩国　7. 日本　8. 巴西　9. 德国　10. 加拿大　11. 西班牙　12. 肯尼亚

1995 年第七届日本大阪世界杯（参赛队 12 支）：

1. 古巴　2. 巴西　3. 中国　4. 克罗地亚　5. 韩国　6. 日本　7. 美国　8. 荷兰　9. 加拿大　10. 秘鲁　11. 肯尼亚　12. 埃及

1999 年第八届日本东京世界杯（参赛队 12 支）：

1. 古巴　2. 俄罗斯　3. 巴西　4. 韩国　5. 中国　6. 日本　7. 意大利　8. 克罗地亚　9. 美国　10. 秘鲁　11. 阿根廷　12. 突尼斯

2003 年第九届日本大阪世界杯（参赛队 12 支）：

1. 中国　2. 巴西　3. 美国　4. 意大利　5. 日本　6. 古巴　7. 土耳其　8. 波兰　9. 韩国　10. 多米尼加　11. 阿根廷　12. 埃及

2007 年第十届日本世界杯（参赛队 12 支）：

1. 意大利　2. 巴西　3. 美国　4. 古巴　5. 塞尔维亚　6. 波兰　7. 日本　8. 韩国　9. 多米尼加　10. 泰国　11. 秘鲁　12. 肯尼亚

2011 年第十一届日本世界杯（参赛队 12 支）

1. 意大利　2. 美国　3. 中国　4. 日本　5. 巴西　6. 德国　7. 塞尔维亚　8. 多米尼加　9. 韩国　10. 阿根廷　11. 阿尔及利亚　12. 肯尼亚

男子成绩

1965 年第一届波兰华沙世界杯（参赛队 11 支）：

1. 苏联　2. 波兰　3. 捷克斯洛伐克　4. 日本　5. 民主德国　6. 罗马尼亚　7. 匈牙利　8. 南斯拉夫　9. 保加利亚　10. 荷兰　11. 法国

1969 年第二届民主德国东柏林世界杯（参赛队 10 支）：

1. 民主德国　2. 日本　3. 苏联　4. 保加利亚　5. 捷克斯洛伐克　6. 巴西　7. 罗马尼亚　8. 波兰　9. 联邦德国　10. 突尼斯

1977 年第三届日本东京世界杯（参赛队 12 支）：

1. 苏联　2. 日本　3. 古巴　4. 波兰　5. 中国　6. 保加利亚　7. 韩国　8. 巴西　9. 墨西哥　10. 美国　11. 埃及　12. 加拿大

1981 年第四届日本东京世界杯（参赛队 8 支）：

1. 苏联　2. 古巴　3. 巴西　4. 波兰　5. 中国　6. 日本　7. 意大利　8. 突尼斯

1985 年第五届日本东京世界杯（参赛队 8 支）：

1. 美国　2. 苏联　3. 捷克斯洛伐克　4. 巴西　5. 阿根廷　6. 日本　7. 韩国　8. 埃及

1989 年第六届日本东京世界杯（参赛队 8 支）：

1. 古巴　2. 意大利　3. 苏联　4. 美国　5. 巴西　6. 日本　7. 韩国　8. 喀麦隆

1991 年第七届日本东京世界杯（参赛队 12 支）：

1. 俄罗斯　2. 古巴　3. 美国　4. 日本　5. 韩国　6. 巴西　7. 德国　8. 突尼斯　9. 阿尔及利亚　10. 墨西哥　11. 伊朗　12. 智利

1995 年第八届日本东京世界杯（参赛队 12 支）：

1. 意大利　2. 荷兰　3. 巴西　4. 美国　5. 日本　6. 古巴　7. 阿根廷　8. 韩国　9. 中国　10. 加拿大　11. 埃及　12. 突尼斯

1999 年第九届日本东京世界杯（参赛队 12 支）：

1. 俄罗斯　2. 古巴　3. 意大利　4. 美国　5. 巴西　6. 西班牙　7. 韩国　8. 加拿大　9. 阿根廷　10. 日本　11. 中国　12. 突尼斯

2003 年第十届日本东京世界杯（参赛队 12 支）：

1. 巴西　2. 意大利　3. 塞尔维亚和黑山　4. 美国　5. 法国

6. 韩国　7. 加拿大　8. 委内瑞拉　9. 日本　10. 中国　11. 突尼斯　12. 埃及

2007 年第十一届日本世界杯（参赛队 12 支）：

1. 巴西　2. 俄罗斯　3. 保加利亚　4. 美国　5. 西班牙　6. 波多黎各　7. 阿根廷　8. 澳大利亚　9. 日本　10. 埃及　11. 韩国　12. 突尼斯

2011 年第十二届日本世界杯（参赛队 12 支）：

1. 俄罗斯　2. 波兰　3. 巴西　4. 意大利　5. 古巴　6. 美国　7. 阿根廷　8. 塞尔维亚　9. 伊朗　10. 日本　11. 中国　12. 埃及

中国女排

历届奥运会排球运动比赛成绩

奥林匹克运动会（简称奥运会）是国际奥林匹克委员会主办的包含多种体育运动项目的国际性运动会，每四年举行一次。奥林匹克运动会最早起源于古希腊，因举办地在奥林匹亚而得名。奥林匹克运动会现在已经成为了和平与友谊的象征，它是一种融体育、教育、文化为一体的综合性、持续性、世界性的活动，也是一种文化的传播体现，这样的传播在奥运会中能得到充分的展示。

中国排球运动员

女子成绩

1964 年第十八届日本东京奥运会（参赛队 6 支）：

1. 日本　2. 苏联　3. 波兰　4. 罗马尼亚　5. 美国　6. 韩国

1968 年第十九届墨西哥墨西哥城奥运会（赛队 8 支）：

1. 苏联　2. 日本　3. 波兰　4. 秘鲁　5. 韩国　6. 捷克斯洛伐克

7. 墨西哥　8. 美国

1972 年第二十届联邦德国慕尼黑奥运会（参赛队 8 支）：

1. 苏联　2. 日本　3. 朝鲜　4. 韩国　5. 匈牙利　6. 古巴　7. 捷克斯洛伐克　8. 联邦德国

1976 年第二十一届加拿大蒙特利尔奥运会（参赛队 8 支）：

1. 日本　2. 苏联　3. 韩国　4. 匈牙利　5. 古巴　6. 民主德国

7. 秘鲁　8. 加拿大

1980 年第二十二届苏联莫斯科奥运会（参赛队 8 支）：

1. 苏联　2. 民主德国　3. 保加利亚　4. 匈牙利　5. 古巴　6. 秘鲁

7. 巴西　8. 罗马尼亚

1984 年第二十三届美国洛杉机奥运会（参赛队 8 支）：

1. 中国　2. 美国　3. 日本　4. 秘鲁　5. 韩国　6. 联邦德国

7. 巴西　8. 加拿大

1988 年第二十四届韩国汉城奥运会（参赛队 8 支）：

1. 苏联　2. 秘鲁　3. 中国　4. 日本　5. 民主德国　6. 巴西

7. 美国　8. 韩国

1992 年第二十五届西班牙巴塞罗那奥运会（参赛队 8 支）：

1. 古巴　2. 独联体　3. 美国　4. 巴西　5. 日本　6. 荷兰

7. 中国　8. 西班牙

1996 年第二十六届美国亚特兰大奥运会（参赛队 12 支）：

1. 古巴　2. 中国　3. 巴西　4. 俄罗斯　5. 荷兰　6. 韩国

7. 美国　8. 德国　9. 加拿大　10. 日本　11. 秘鲁　12. 乌克兰

2000 年第二十七届澳大利亚悉尼奥运会（参赛队 12 支）：

1. 古巴　2. 俄罗斯　3. 巴西　4. 美国　5. 中国　6. 德国　7. 克罗地亚　8. 韩国　9. 澳大利亚　10. 意大利　11. 肯尼亚　12. 秘鲁

2004 年第二十八届希腊雅典奥运会（参赛队 12 支）：

1. 中国　2. 俄罗斯　3. 古巴　4. 巴西　5. 意大利　6. 日本

7. 韩国　8. 美国　9. 德国　10. 希腊　11. 多米尼加　12. 肯尼亚

2008 年第二十九届中国北京奥运会（参赛队 12 支）：

1. 巴西　2. 美国　3. 中国　4. 古巴　5. 意大利、日本、俄罗斯、塞尔维亚　9. 哈萨克斯坦、波兰　11. 阿尔及利亚、委内瑞拉

2012 年第三十届英国伦敦奥运会（参赛队 12 支）：

1. 巴西　2. 美国　3. 日本　4. 韩国　5. 中国、俄罗斯、意大利、多米尼加　9. 英国、土耳其　11. 阿尔及利亚、塞尔维亚。

男子比赛

1964 年第十八届日本东京奥运会（参赛队 10 支）：

1. 苏联　2. 捷克斯洛伐克　3. 日本　4. 罗马尼亚　5. 保加利亚

6. 匈牙利　7. 巴西　8. 荷兰　9. 美国　10. 韩国

1968 年第十九届墨西哥墨西哥城奥运会（参赛队 10 支）：

1. 苏联　2. 日本　3. 捷克斯洛伐克　4. 民主德国　5. 波兰

6. 保加利亚　7. 美国　8. 比利时　9. 巴西　10. 墨西哥

1972 年第二十届联邦德国慕尼黑奥运会（参赛队 12 支）：

1. 日本　2. 民主德国　3. 苏联　4. 保加利亚　5. 罗马尼亚　6. 捷

克斯洛伐克　7. 韩国　8. 巴西　9. 波兰　10. 古巴　11. 联邦德国
12. 突尼斯

　　1976 年第二十一届加拿大蒙特利尔奥运会（参赛队 9 支）：
　　1. 波兰　2. 苏联　3. 古巴　4. 日本　5. 捷克斯洛伐克　6. 韩国
7. 巴西　8. 意大利　9. 加拿大

　　1980 年第二十二届苏联莫斯科奥运会（参赛队 10 支）：
　　1. 苏联　2. 保加利亚　3. 罗马尼亚　4. 波兰　5. 巴西　6. 南斯
拉夫　7. 古巴　8. 捷克斯洛伐克　9. 意大利　10. 利比亚

　　1984 年第二十三届美国洛杉矶奥运会（参赛队 10 支）：
　　1. 美国　2. 巴西　3. 意大利　4. 加拿大　5. 韩国　6. 阿根廷
7. 日本　8. 中国　9. 突尼斯　10. 埃及

　　1988 年第二十四届韩国汉城奥运会（参赛队 12 支）：
　　1. 美国　2. 苏联　3. 阿根廷　4. 巴西　5. 荷兰　6. 保加利亚
7. 瑞典　8. 法国　9. 意大利　10. 日本　11. 韩国　12. 突尼斯

　　1992 年第二十五届西班牙巴塞罗那奥运会（参赛队 12 支）：
　　1. 巴西　2. 荷兰　3. 美国　4. 古巴　5. 意大利　6. 日本　7. 独
联体　8. 西班牙　9. 韩国　10. 加拿大　11. 法国　12. 阿尔及利亚

　　1996 年第二十六届美国亚特兰大奥运会（参赛队 12 支）：
　　1. 荷兰　2. 意大利　3. 南斯拉夫　4. 俄罗斯　5. 巴西　6. 古巴
7. 保加利亚　8. 阿根廷　9. 韩国　10. 美国　11. 波兰　12. 突尼斯

　　2000 年第二十七届澳大利亚悉尼奥运会（参赛队 12 支）：
　　1. 南斯拉夫　2. 俄罗斯　3. 意大利　4. 阿根廷　5. 荷兰　6. 巴西
7. 古巴　8. 澳大利亚　9. 韩国　10. 西班牙　11. 埃及　12. 美国

　　2004 年第二十八届希腊雅典奥运会（参赛队 12 支）：
　　1. 巴西　2. 意大利　3. 俄罗斯　4. 美国　5. 希腊　6. 波兰　7. 塞
尔维亚和黑山　8. 阿根廷　9. 法国　10. 荷兰　11. 澳大利亚　12. 突尼斯

　　2008 年第二十九届中国北京奥运会（参赛队 12 支）：
　　1. 美国　2. 巴西　3. 俄罗斯　4. 意大利　5. 保加利亚、中国、
波兰、塞尔维亚　9. 德国、委内瑞拉　11. 埃及、日本

　　2012 年第三十届英国伦敦奥运会（参赛队 12 支）：
　　1. 俄罗斯　2. 巴西　3. 意大利　4. 保加利亚　5. 德国、波兰、

阿根廷、美国

中国女排历届世锦赛战绩

1956 年第 2 届法国世锦赛　第 6 名

1962 年第 4 届苏联世锦赛　第 9 名

1978 年第 8 届苏联世锦赛　第 6 名

1982 年第 9 届秘鲁世锦赛　冠军

1986 年第 10 届捷克斯洛伐克世锦赛　冠军

1990 年第 11 届中国世锦赛　亚军

1994 年第 12 届巴西世锦赛　第 8 名

1998 年第 13 届日本世锦赛　亚军

2002 年第 14 届德国世锦赛　第 4 名

2006 年第 15 届日本世锦赛　第 5 名

2010 年第 16 届日本世锦赛　第 10 名

沙　排

沙滩排球历届奥运会成绩

男子成绩

1996 年第二十六届　亚特兰大　美国组合肯·斯特弗斯/卡·斯拉利获得冠军

2000 年第二十七届　悉尼　美国组合戴恩·巴尔顿/艾里克·弗诺伊莫亚纳获得冠军

2004 年第二十八届　雅典　巴西组合里卡多/埃曼努尔获得冠军

2008 年第二十九届　北京　美国组合达尔豪瑟/罗杰斯获得冠军

2012 年第三十届　伦敦　德国组合布林克/莱克曼恩获得冠军

女子成绩

1996 年第二十六届　亚特兰大　巴西组合桑·皮尔斯/杰·席尔瓦获得冠军

2000 年第二十七届　悉尼　澳大利亚组合娜塔莉·库克/桑德拉·塔瓦雷斯获得冠军

2004 年第二十八届　雅典　美国组合克丽·沃尔什/米斯蒂·梅·特雷纳获得冠军

2008 年第二十九届　北京　美国组合克丽·沃尔什/米斯蒂·梅·特雷纳获得冠军

2012 年第三十届　伦敦　美国组合克丽·沃尔什/米斯蒂·梅·特雷纳获得冠军

沙滩排球历届亚运会成绩记录

男子成绩

1998 年第十三届曼谷亚运会　1. 中国（谷红宇/李桦）　2. 印度尼西亚（李方纳/萨利姆）　3. 印度尼西亚（阿斯马拉/苏其友）

2002 年第十四届釜山亚运会　1. 日本　2. 印度尼西亚　3. 中国（李桦/赵驰程）

2006 年第十五届多哈亚运会　1. 中国（李健/周顺）　2. 中国（吴鹏根/徐林胤）　3. 印度尼西亚（萨利姆/苏普里亚蒂）　4. 印度尼西亚（阿迪扬萨/达昆科洛）

女子成绩

1998 年第十三届曼谷亚运会　1. 泰国（潘卡/阿赖苏克）　2. 日本（高桥有幻子/佐伯美香）　3. 日本（德野纯子/楠原千秋）　4. 中国（张静坤/柳春莹）

2002 年第十四届釜山亚运会　1. 中国（田佳/王菲）　2. 中国（王露/尤文慧）3. 日本

2006 年第十五届多哈亚运会　1. 中国（薛晨/张希）　2. 日本（田中姿子/小泉荣子）　3. 中国（田佳/王洁）　4. 泰国

注：1998 年曼谷亚运会，沙滩排球开始成为正式比赛项目。